अनुभव और उत्कर्ष

[निबन्ध-संग्रह]

अनुभव और उत्कर्ष

ब्रजरतन जोशी

लोकभारती प्रकाशन

लोकभारती प्रलकाशन
पहली मंजिल, दरबारी बिल्डिंग, महात्मा गांधी मार्ग
प्रयागराज-211 001
वेबसाइट : www.lokbhartiprakashan.com
ईमेल : info@lokbhartiprakashan.com

शाखाएँ : 1-बी, नेताजी सुभाष मार्ग, दरियागंज
नई दिल्ली-110 002
अशोक राजपथ, साइंस कॉलेज के सामने
पटना-800 006

पहला संस्करण : 2023

बी.के. ऑफसेट
नवीन शाहदरा, दिल्ली-110 032
द्वारा मुद्रित

ANUBHAV AUR UTKARSH
Essays by Brajratan Joshi

ISBN : 978-81-19133-42-0

मूल्य : ₹395

सुदीप्ति, वैभव और वैराज के लिए

क्रम

पहला खंड : **अनुभव**

दूसरा खंड : **उत्कर्ष**

पहला खंड

अनुभव

संस्कृति का स्वभाव

किसी भी संस्कृति का स्वभाव उसकी विशिष्टता से जुड़ा हुआ एक चेतन-तत्त्व होता है। अपनी इसी चैतन्यता के कारण वह उस संस्कृति-चेतना का प्रतिनिधि भी बनता है। संस्कृति का स्वभाव एक सहज प्राकृतिक प्रक्रिया से सम्पन्न होता है। जब-जब भी कोई समाज देश-काल एवं वातावरण के साथ जीवन संघर्ष करता है, तो उसी संघर्ष की प्रक्रिया से संस्कृति का स्वभाव आविर्भूत होता है। कह सकते हैं कि जिसे हम संस्कृति की चेतना कहकर पुकारते हैं वह अपना आकार इसी प्रक्रिया रो गढ़ती है। संस्कृति के स्वभाव पर सबसे गहरा असर जीवनशैली का पड़ता है। जब-जब समाज की जीवनशैली में परिवर्तन होता है, तब-तब उस संस्कृति के स्वभाव में भी परिवर्तन दृष्टिगोचर होने लगता है। यह उस संस्कृति के मानसिक स्वास्थ्य और परिपक्वता पर निर्भर करता है कि वह अपने भीतर घट रहे परिवर्तनों, समस्याओं एवं बदली परिस्थितियों से उत्पन्न विषम परिवेश का सामना कैसे करती है, उसका समाधान कैसे करती है। विज्ञान के नेतृत्व में समस्त सुखों को प्राप्त करने के बाद भी आज पाश्चात्य संस्कृति असन्तोष में है और हम उस असन्तुष्ट संस्कृति के प्रति गहरे विनयी भाव से जुड़े हैं कि हमें उसकी राह पर उससे भी आगे जाना है।

संचार क्रान्ति की वैश्विक परिघटना के बाद भी योरोप का मनुष्य जिस एकाकीपन, भय और खालीपन से भरता जा रहा है, वह हमारे समय की चिन्ताओं में सर्वोपरि है। मनुष्य-मनुष्य के बीच संवाद-संचार के माध्यम तो बढ़े हैं, पर संवाद-सम्पर्क का लगातार ह्रास होता जा रहा है। मिथ ऑफ एनालिस जैसी चर्चित पुस्तक के रचयिता जैम्स हिलमैन इसका कारण चैतन्य पिता के नकार को मानते हैं। प्रश्न उठता है कि किसी संस्कृति का स्वास्थ्य खराब क्यों होता है? इसके उत्तर में हम कह सकते हैं कि जब-जब संस्कृति के विभिन्न तत्त्वों के मध्य संवाद,

असन्तुलन और वैषम्य का प्रभाव बढ़ता है, तब-तब संस्कृति की सेहत में गिरावट आने लगती है। रही बात कि वह संस्कृति इस गिरावट को कैसे लेती है या इसके माध्यम से हो रहे पतन को कैसे रोकती है तो उसके लिए हम कह सकते हैं कि यह उस संस्कृति के निर्दोष स्वभाव पर निर्भर रहता है।

यह एक स्थापित तथ्य है कि जब-जब भी दो संस्कृतियाँ परस्पर सम्पर्क में आती हैं, तो मनुष्य और संस्कृति दोनों ही संघर्षरत होते हैं। वैचारिक एवं संवेदनात्मक संघर्ष ही आगे जाकर कभी-कभी युद्ध का रूप ले लेते हैं। यही वह समय होता है जहाँ एक-दूसरे के अच्छे-बुरे तत्त्वों को त्यागना एवं स्वीकार करना पड़ता है। यह जो दोनों का मिलन है वह अगर बिना पूर्वग्रह और विषमता के सम्पन्न होता है, तो दोनों ही अपने-अपने सत्त्व को स्पष्ट पहचान लेते हैं और यहीं से एक नई शुरुआत होती है। कह सकते हैं कि संस्कृति के स्वभाव में परिवर्तन की प्रक्रिया सम्पन्न होती है। यह अर्जित स्वभाव ही उसे आगे आने वाली नई परिस्थितियों में संघर्ष की प्रेरणा देता है। इस प्रक्रिया में संस्कृति कुछ खोती है कुछ पाती है। इस खोने-पाने का मूल्यांकन हमारे लिए विशेष महत्त्व रखता है। इस प्रक्रिया बोध एवं जागरूकता का महत्त्व निर्विवाद रूप से हमारे सामने आता है। क्योंकि यह बोध ही हमें सुझाता है कि हमने संघर्ष की प्रक्रिया से जो हासिल किया, परिवर्तन लाए, अब उसका औचित्य क्या है? यही बोध हमें बताता है कि स्वीकार किए गए तत्त्व और त्याज्य तत्त्वों के विचलन से संस्कृति के स्वभाव में कहीं विरोध तो उत्पन्न नहीं हो रहा है।

अब प्रश्न यह भी उठ सकता है कि कोई भी संस्कृति इतनी विवेक सम्पन्न कैसे व किस तरह हो सकती है? तो इसके जवाब में कहा जा सकता है कि यह संस्कृति के स्वभाव के मनोबल और उसके परिमाण पर निर्भर करता है। जैसे यदि किसी संस्कृति के स्वभाव में जीवन संघर्ष में टिके रहने की प्रवृत्ति है, समूची मानवता को स्वयं में समा लेने की प्रवृत्ति और स्वभाव है, एक वैश्विक चेतनासम्पन्न बौद्धिक निर्णय लेने की प्रवृत्ति है तो जो भी प्रक्रिया होगी वह ऐसे व इस तरह से सम्पन्न होगी कि दूसरों से प्राप्त किए गए तत्त्व हमारे संस्कृति बोध में घुल-मिल कर एक नए बोध-नए मूल्य को जन्म दें। अब प्रश्न यह उठता है कि आज की हमारी संस्कृति का स्वभाव इस तरह की सक्षमता से युक्त है या नहीं? क्या हमारा संस्कृति बोध उदार हुआ है या सीमित? हमारी संस्कृति में ऐसे कौन-से तत्त्व हैं जो स्वीकार्य हैं और कौन-से तत्त्व हैं जो त्याज्य है? क्या अन्य संस्कृतियों के सत्त्व को स्वीकारना हमारी भूल थी या हमारा आत्मविश्वास? क्या समूची मानव जाति को स्वयं में समा

लेने की हमारी प्रवृत्ति ने हमें ताकत दी है या कमजोर किया है? क्या हमारा संस्कृति बोध आधुनिक विज्ञान के साथ तादात्म्य बैठा सका है?

अगर इन प्रश्नों के उत्तर हमें सन्तोष देते हैं, तो हमें जान लेना चाहिए कि हमारी संस्कृति का स्वास्थ्य बेहतर है। और उसमें किसी तरह का अन्तर्विरोध नहीं है। साथ ही हम अपने विचारों को कायाकल्प करते जा रहे हैं और नवप्रसूत मानसिकता भव्य भारतीयता को आकार दे रही है, जिसमें सभी तरह के विचारों, कलाओं, अभिव्यक्तियों और जिज्ञासाओं का स्थान है। यानी हम एक स्वस्थ मन और मानसिक प्रक्रिया से गुजर रहे हैं। अकसर इस तरह के वर्णन एवं विश्लेषण से हम अनजाने में इस विचार को अपना लेते हैं कि हमें किसी अन्य संस्कृति की आधुनिकता या किसी अन्य तरह का प्रभाव स्वीकार्य नहीं है? जबकि हमारे विचार में असल मुद्दा यह होना चाहिए कि हम कैसे व किस तरह किसी अन्य संस्कृति को निर्दोषता के साथ अपनी संस्कृति से जोड़ें न कि उसके प्रभाव में गहरे धँसे। ऐसे में स्वयं हमें अपनी संस्कृति के स्वभाव, सारतत्त्व और विवेक को बिना पूर्वग्रह के जानना होगा। तभी हम यह तय कर पाएँगे कि हमें किसी विशिष्ट संस्कृति से क्या लेना है और क्या देना है।

हालाँकि आज जाति-धर्म भेद आदि मन्द होते जा रहे हैं, संवाद की प्रक्रिया भी चल रही है। फिर क्या है जो संस्कृति के सत्त्व को प्रभावित किए है—वह है आत्मगत दूरी। भारतीय उपमहाद्वीप में यह आत्मगत दूरी कम है। परस्पर एकत्व का बोध कहीं गहरे में है। इसी सांस्कृतिक संवेदनशीलता के कारण हम एक उपमहाद्वीप के रूप में अपनी निराली संस्कृति के साथ अविरल भाव से खड़े हैं। इस दृष्टि से देखें तो गांधी जी ने ग्रहणशीलता को ऐसे तत्त्व के रूप में देखा जो हमारे सांस्कृतिक विवेक का सबसे अहम् तत्त्व है। इसी ग्रहणशीलता के नजरिये से देखेंगे तो हमें अपने सांस्कृतिक जागरण में तमाम कमियों के बावजूद भी एक स्पष्ट मजबूत आशा का संचार होता दिखाई देगा। दर्शन की भाषा में कहें तो प्रकृति-पुरुष द्वंद्व भाव पर संस्कृति की पकड़ मजबूत होती जा रही है। आज पाश्चात्य विज्ञान भी जड़-चेतन की वैज्ञानिक एकता को स्वीकार्य भाव से देखने लगा है। इसीलिए हर युग की विशिष्ट विविधता के बाद भी हमारी भारतीयता, हमारा स्वभाव, हमारी पहचान कभी भंग नहीं हुई। यही हमारी संस्कृति के स्वभाव का सारतत्त्व है।

सृजन और भाषाबोध

माइकल एंजेलो (इतालवी मूर्तिकार, चित्रकार, वास्तुकार और कवि) धरती के उन महान कलाकारों की श्रेणी में अग्रिम है जिन्हें उनकी कला के लिए दिव्य प्रतिभा का प्रतिनिधि माना गया। उनकी बनाई प्रतिमा डेविड को पुरुष सौन्दर्य की अप्रतिम अभिव्यक्ति के रूप में जाना जाता है। एक बार किसी ने एंजेलो से डेविड के इस अद्‌भुत सौन्दर्य और कलाकर्म के बारे में जिज्ञासा प्रकट की तो एंजेलो का उत्तर था—मैंने तो एक चट्‌टान का टुकड़ा लिया और उसमें से वह हिस्सा निकाल दिया जो डेविड नहीं था।

यह चट्‌टान में डेविड का होना और उसमें से शेष को छोड़ना ही सृजन का असली मार्ग है। यही सृजन का रहस्य भी है। हम अकसर यह भूल जाते हैं कि सृजन अस्तित्व के साथ एक लयात्मक संवाद है, जीवन उसमें एक सुन्दर धुन की तरह है। कई बार उस धुन की लय बिगड़ भी जाती है, पर उसका तात्पर्य यह नहीं है कि जीवन की कोई लय ही नहीं है।

प्रत्येक कलाकार इस आधारभूत शास्त्रीय मान्यता में विश्वास रखता है कि नवनवो भवति जायमान: अर्थात मनुष्य को प्रतिदिन नया होना चाहिए। यह जो नया होना है, वह ठीक उसी प्रकार से नया होना है जैसे आकाश में चन्द्रमा हर रोज नया उगता है। चन्द्रमा की यह यात्रा जिसमें वह रोज स्वयं में कुछ जोड़ता है और कुछ छोड़ता है, यही उसकी कला है।

ठीक इसी प्रकार व्यक्ति वही होता है, पर अनुभव रोज नए-नए होते हैं। जीवन अनन्त अनुभवों के व्यापारों का केन्द्र है। असंख्य अनुभूतियाँ लहरों की तरह जीवन के इर्द-गिर्द प्रवहमान है। इसी प्रवाह और असंख्य अनुभवों के बीच कुछ ऐसे पलों-

क्षणों को पकड़ना, जो अपनी व्याप्ति में समूची मनुष्य जाति का पथ आलोकित कर सकते हैं, ही कलाकर्म है।

विनोबा भावे कहा करते थे कि हर नदी का स्वप्न सागर को खुद को सौंपना होता है। हर नदी यह चाहती है कि उसका अन्तिम पड़ाव समुद्र हो, पर अपने इस स्वप्न के बावजूद वह अपने सामने आ रहे गड्ढों को भरना नहीं छोड़ती, फिर चाहे वह समुद्र तक पहुँचे या ना पहुँचे। यानी लेखक के अन्तरतम में बहती रचनाशीलता का प्रभाव अस्तित्व के सभी आयामों को पाने-छूने की अनथक कोशिश करता है। चाहे वह आयाम छोटा हो या बड़ा। रचनाशीलता के प्रवाह में सब कुछ आ जाता है। जो रचनाकार इस प्रक्रिया को जितनी तन्मयता, सजगता और सघुराई से सम्पन्न करता है, वह अपनी विधा के विकास में उतनी ही बड़ी भूमिका निभाता है।

लेकिन इस प्रक्रिया में एक समस्या का सामना हर कलाकार को करना पड़ता है, वह है जीवन की निरन्तरता। हम जानते हैं कि जीवन निरन्तर अपने आप को दुहराने की प्रक्रिया है। यह दोहराव हर व्यक्ति से लेकर कलाकार तक महसूस करता है। इसीलिए हम इस दोहराव को अलग-अलग नाम-रूपों से जानते-पहचानते हैं। क्या इन अर्थों में शब्द का प्रयोग दुहराव का ही एक रूप भर नहीं है? क्या वह हमारे परिचित अनुभव का संकेत नहीं है? यानी यहाँ चुनौती है। चुनौती यह है कि कवि को अपनी भाषा के उन्हीं शब्दों का, जो उस दोहराव के विभिन्न रूप हैं, का अन्वेषण करना है। अत: जो कलाकार/कवि अपने माध्यम का जितना अन्वेषण और नवीन संस्कार कर पाता है, वह उतनी ही उच्च कोटि का कलाकार/कवि है।

विपिन कुमार अग्रवाल ने इस संकट की ओर हमारा ध्यान खींचा और लिखा—क्योंकि शब्द जिन्दगी के साथ गड्डमड्ड होकर उसको मिले हैं, उसी में से वे सारे शब्द पैदा हुए हैं। तब कैसे शब्दों के द्वारा वह जिन्दगी को देखें? या यूँ कहें, शब्दों और जिन्दगी या अनुभवों का जो मिला हुआ गड्डमड्ड है, उसको शब्दों में कैसे देखें। यहीं पर कह सकते हैं कि कवि के लिए कठिनाई पैदा होती है। वह शब्द को चुनता है और चुन करके जो गड्डमड्ड है उसमें से उसे भिन्न करके, अलग करके रखता है। जब वह रखता है, तब अनुभव के किसी एक हिस्से को उजागर करता है। जो स्वाभाविक भी है और पूरे गड्डमड्ड को लेकर चल रहा था। इसका तात्पर्य हुआ कि अनुभव के अस्पर्शी, अलक्षित और अदीठ से जो अभिव्यक्ति मिलती है, वही उसकी कला है। वही हमारे जीवन को आलोकित भी करती है। यही प्रक्रिया इसी जाने-पहचाने संसार का वह रूप हमारे सामने उजागर

करती है, जो अब तक हमारे ध्यान के परिसर का हिस्सा नहीं था। जिसे पहले ऐसे और इस तरह से देखा नहीं गया था। यह प्रक्रिया कला विवेक के कारण घटती है।

कला विवेक की यह निर्मिति भाषाबोध पर निर्भर करती है। किसी भी कलाकार का भाषाबोध जितना गहरा और संवेदनशील होगा, उसका अपनी भाषा और संवेदना के साथ उतना ही परिपक्व एवं सर्जनात्मक रिश्ता होगा। इसी सर्जनात्मक रिश्ते के चलते ही वह भाषा के माध्यम से संवेदनात्मक अन्वेषण करता है। वह अपनी अभिव्यक्ति में लय की टूटन तभी महसूस करेगा जब वह अपने अनुभव की अनुभूति में से कुछ छोड़ देगा या उससे कुछ छूट जाएगा।

साहित्यकार का कला विवेक उसे शब्दों को परस्पर रखने और उनसे नवीन अर्थमयी व्यंजना प्राप्त करने की राह सुझाता है। प्रसिद्ध आलोचक रामस्वरूप चतुर्वेदी ने इस हेतु काव्य रचना के सन्दर्भ से एक बहुत ही सुन्दर उदाहरण हमारे सामने रखा है। रामस्वरूप चतुर्वेदी ने दुख और दुख के उदाहरण से इसे और अधिक स्पष्ट तरीके से हमारे सामने रखा है। बकौल चतुर्वेदी निराला ने लिखा 'दुख ही जीवन की कथा रही' और अज्ञेय ने लिखा है 'दुख सबको माँजता है'। दोनों ने एक ही शब्द के दो भिन्न रूप अपनी कविता में प्रयोग किए। यहाँ गौर करने वाली बात यह है कि कैसे दोनों अपने-अपने प्रयोग से अर्थ का वह आलोक, जो उसी परिवेश में व्याप्त है, को व्यक्त करते हैं।

अज्ञेय तत्सम दुख को तद्भव क्रिया माँजना के साथ रख रहे हैं, वहीं निराला तद्भव दुख को (यहाँ दुख दुख की तुलना में तद्भव है) तत्सम कथा के साथ रख रहे हैं। यह जो तत्सम के सामने तद्भव और तद्भव के सामने तत्सम रखना है वही काव्य विवेक या काव्य संस्कार है। क्योंकि वही अर्थ में व्याप्त अनुभव की प्रामाणिकता को अधिक विश्वसनीय बना रहा है। यानी पहले कवि स्वयं इस प्रक्रिया से गुजरता है और नवीन भावबोध ग्रहण करता है। और फिर भावक भी इस प्रक्रिया से गुजरते हुए अपना नवीन भावबोध ग्रहण करता है।

इसी क्रम में एक महत्त्वपूर्ण बिन्दु यह भी है जिसकी तरफ हमारा ध्यान अकसर बहुत कम जाता है। हम प्राय: भाषा के बारे में बात करते हुए कहते हैं कि हम भाषा का इस्तेमाल करते हैं। परन्तु ऐसा कहते समय हम यह समझने में चूक कर रहे होते हैं कि भाषा अपने आप में एक विराट विश्व है और हम भली-भाँति जानते हैं कि विश्व का इस्तेमाल नहीं हो सकता वरन इस विराट विश्व को या तो स्वयं के अनुकूल बनाया या हुआ अथवा प्राप्त किया जा सकता है। यानी हम जो कुछ

भी हैं, वह भाषा ही तो है। हमारा सोचना, विचारना और समझना सब कुछ भाषा में ही सम्भव और सम्पन्न होता है।

अकसर कहा जाता है कि साहित्य में प्रगल्भ वाचालता का वर्चस्व बढ़ता ही जा रहा है। हम यह भी सुनते रहते हैं कि आज की कविताएँ बोलती तो बहुत हैं, पर कहती कुछ नहीं। यह जो बोलने और कहने के बीच का फर्क है वह सृजन और भाषा बोध की प्रक्रिया का ही परिणाम है। कविता या श्रेष्ठ साहित्य किसी इतर लोक की भाषा में जन्म नहीं लेता वरन वह हमारी दैनिक जीवन की भाषा से ही उपजता है। फर्क सिर्फ इतना होता है कि ये जो दैनिक भाषा है उसे कवि या साहित्यकार सृजन-प्रक्रिया के दौरान संस्कारित करता है। इस सर्जनात्मक प्रक्रिया के दौरान वह शब्दों के परस्पर तनाव, टकराहट, द्वंद्व से अपनी अभिव्यक्ति को आकार देता है। इसी तनाव, द्वंद्व और टकराहट से हमें नित नूतन अनुभव प्राप्त होते रहते हैं। कई बार हमारे मन में यह प्रश्न उठता है कि एक ही अनुभव को दो भिन्न कलाकार किस तरह अपनी-अपनी तरह से व्यक्त करते हैं? उत्तर साफ है कि दोनों की संवेदनात्मक अन्वेषण की प्रक्रिया और उसके पड़ाव अलग-अलग होते हैं, इसलिए उसकी अभिव्यक्ति भी अलग-अलग होती है। जो कलाकार अपने को आगने ही मुहावरे से मुक्त करके नित्य नए अनुभव संसार की खोज करता है वह अपनी भाषा के विकास में उतनी ही अहम भूमिका निभाता है और अभिव्यक्ति के नए द्वार भी खोलता है। क्योंकि इसी प्रक्रिया से अस्तित्व के विविध आयामों के साथ जीवन का रिश्ता मजबूत होता जाता है।

संसार और साहित्य

जीवन को पढ़ने के दो प्रमुख रास्ते हैं—संसार और साहित्य। दोनों जीवन की बहुआयामिता, बहुअर्थगर्भिता और बहुसांस्कृतिकता का पाठ सटकर करते हैं, हटकर नहीं। इसलिए दोनों का परस्पर गहरा जुड़ाव है। संसार का व्युत्पत्तिमूलक अर्थ है संसरण करना। यानी जो निरन्तर चलता रहे, गतिमान रहे। साहित्य का व्युत्पत्तिमूलक है शब्द और अर्थ को ठीक-ठीक रखना। प्रश्न उठता है कि संसरण या गतिशीलता का नैरन्तर्य, जिसको हम संसार कहते हैं, में यह निरन्तरता और गतिशीलता किसकी है? किसलिए है? क्यों है? हमारे विचार से यह निरन्तरता जीवन की कोख से उपजे अनुभवों की है। क्योंकि प्रत्येक अनुभव अपने आप में अद्वितीय होता है, इसलिए विविध कलारूपों में उसकी अभिव्यक्ति उसे और अधिक ग्राह्य और प्रभावी बनाती है। अत: संसार का संसरण और भाषा के उपादान शब्द और अर्थ का ठीक-ठीक मेल दोनों मिलकर हमारे अस्तित्व के विविध पलों, क्षणों और उसकी निरन्तर परिवर्तित अवस्थाओं का न केवल प्रकटीकरण है बल्कि उसका अन्वेषण भी है। क्योंकि उनसे अनुस्यूत प्रत्येक अनुभव हमें नई ताजगी, उमंग, उल्लास और नवीन दृष्टिबोध से भर देता है। अगर कोई कला, कलाकृति और कलाकार इस तरह का अनुभव देने में असमर्थ है, तो जान लीजिए उसका लेखन स्नायविक हलचल भर है, एक यांत्रिक प्रक्रिया से उपजा परिणाम भर है, रचनात्मक अनुष्ठान की प्रक्रिया नहीं। इसलिए उनमें जीवन और अस्तित्व के स्थूल, विवरण और घटनाओं का वर्णन अधिक होता, जीवन और अस्तित्व के साथ संवाद कम।

जो रचनाकार जीवन और अस्तित्व के साथ जितना सार्थक संवाद करता है वह उतना ही श्रेष्ठ रचनाकार माना जाता है। किसी भी भाषा की क्लैसिक कही-मानी जाने वाली समस्त कृतियाँ इसका प्रमाण हैं। इसे ऐसे भी देखा जाना चाहिए कि

लेखन प्रक्रिया मनुष्य के रचनात्मक मनुष्य के रूप में रूपान्तरित होने की प्रक्रिया भी है, क्योंकि जब वह देख, भोग और सुन रहा है, तो वह एक मनुष्य ही है, पर उसे देखे, सुने और भोगे को जब वह लेखन में उतारता है, तो उसका मनुष्य एक लेखक में रूपान्तरित हो जाता है। इस रूपान्तरण की प्रक्रिया में जो जितना गहरे डूबता है, उतने ही अनुभव रूपी मोतियों से अपनी झोली भर लाता है। ऐसे में लेखक के लिए यह जरूरी है कि वह संसार के संस्मरण और साहित्य के शब्द-अर्थ को ठीक-ठीक प्रयोग और उनके आपसी रिश्ते की पड़ताल एक सूक्ष्म दृष्टि के रूप में करें। यानी वह अपनी दृष्टि के तेज से सृष्टि का कोना-कोना झोंक आए। यह कोना-कोना झाँकना ही लेखक का असली आत्मसंघर्ष है। इस आत्मसंघर्ष में अधिकांश लेखक अपनी रचनाशीलता की शक्ति का ठीक-ठीक प्रयोग नहीं कर पाते और इसके अभाव में संसरण की प्रक्रिया के दौरान अनुभवों का रूप-आकार बदलता जाता है। उसे पकड़ने के लिए रचनाकार को संयत दृष्टि और विवेक की भरी-पूरी आवश्यकता होती है। यदि वह भाषा और शब्दों का, जो कि उसके प्राथमिक उपकरण हैं, का विवेकपूर्ण इस्तेमाल करना नहीं जानता या उसके प्रति सावचेत नहीं है वरन लापरवाह है तो उसके लेखक के लिए जीवन के प्रांगण में बिखरी असंख्य वेदनाओं, सुखों, सफलताओं, विफलताओं, विकलताओं आदि को सहेजना अत्यन्त दुष्कर कार्य हो जाता है।

संसार और साहित्य मनुष्य को जीवन की विराट पाठशाला का एक सभ्य नागरिक बनाने की राह पर अग्रसित भी करते हैं। ऐसे में वह लेखक जो अन्तर्लोक और अनुभव के बीच का फासला जितना कम कर सकता है उसकी लेखकीय सम्पन्नता उतनी ही बढ़ती जाती है।

पर प्रायः देखने में यह आता है कि अधिकांश रचनाकार अन्तर्लोक के बजाय बहिर्लोक की गिरफ्त में आ जाते हैं। परिणामस्वरूप वे अनुभव के उन परिपक्व क्षणों को नहीं ग्रहण कर पाते, जो अन्तर्दृष्टि से पाए जा सकते हैं। कारण साफ है कि उनका ध्यान स्थूल पर ज्यादा है, सूक्ष्म पर नहीं। कालान्तर में उन्हें जब तक इसका अहसास होता है, तब तक वे जीवन और उम्र की राह पर इतने आगे निकल चुके होते हैं कि वहाँ से शुरुआत करना उनके लिए असम्भव तो नहीं, पर अत्यन्त कष्टप्रद हो जाता है। क्योंकि अनुभव की भाषा जानने के लिए अनुभव और भाषा के रिश्ते का बोध होना भी जरूरी होता है। जिसे वे अपनी यात्रा के प्रारम्भ से ही खो चुके होते हैं। हाँ, अगर रचनात्मक अन्वेषण की यात्रा के प्रारम्भ से ही रचनाकार

अपने को इस भावबोध से संस्कारित कर लेता है कि मुझे अपने अनुभव की भाषा को ही अपनी रचना में उकेरना है, तो शायद राहें आसान हो जाती हैं, पर कालान्तर में जब लेखक भिन्न तरह के अनुकूलन की गिरफ्त में आ चुका होता है, तो यह उनके लिए जरा कठिन बल्कि कहें कठिनतम हो जाता है।

एक ओर तथ्य जिसे प्राय: सामान्य लेखक अपने ध्यान के परिसर का हिस्सा नहीं बनाते वह है भाषा की समस्यामूलकता। प्राय: रचनाकार स्थूल वर्णन, विवरण और घटना को अभिव्यक्ति देने के कर्म को अपना उद्देश्य मान बैठते हैं, जबकि भाषा यथार्थ का रचनात्मक इस्तेमाल करने की प्रविधि भी है। इस तरफ उनका ध्यान नहीं जाता है। भाषा को केवल शाब्दिक संरचना मान लेना भी एक गलत पर्यवेक्षण है। इसमें कोई दो राय नहीं है कि भाषा एक शाब्दिक संरचना है, पर केवल शाब्दिक संरचना भर नहीं वरन वह एक कलात्मक अनुभव का औचित्यपूर्ण प्रकटन करने वाली प्रक्रिया भी है। प्रश्न उठता है कि कलात्मक अनुभव क्यों है? इसलिए है कि हम जानते हैं कि किसी भी यथार्थ का ठीक-ठीक वैसा ही चित्रण जैसा वह है हम नहीं कर पाते। क्योंकि यथार्थ में कोई क्रमबद्धता, स्थिरता और सम्बद्धता नहीं होती वरन यथार्थ तो असम्बद्धता, बिखराव और क्रमहीनता से युक्त होता है। जो रचनाकार भाषा की इस समस्या से मुठभेड़ कर उसमें आपसी सामंजस्य और परिपक्व रिश्ते का जितना गहन अन्वेषण करता है, वह उतना ही श्रेष्ठ रचनाकार कहा जाता है।

यथार्थ के सम्बन्ध में प्रसिद्ध आलोचक नन्दकिशोर आचार्य हमें भौतिक विज्ञान के जरिये यह बताते हैं कि यथार्थ को वह माध्यम भी रूपान्तरित करता है, जिसके माध्यम से यथार्थ हम तक आ रहा है। यानी रूपान्तरित यथार्थ का प्रभाव भी हमारी सृजन-प्रक्रिया पर पड़ता है।

माध्यम का असर रचना की बुनावट में आए यथार्थ पर पड़ता है। यानी हम या रचनाकार जिस यथार्थ को जान रहे होते हैं वह दरअसल हमारे माध्यम का यथार्थ होता है, हमारा नहीं। अस्तु, यथार्थ के जटिल चरित्र को समझना दरअसल संसार की जटिलता को ही समझना है। इस तरह साहित्य संसार को जानने की विधि भी है।

प्रेमचन्द, अज्ञेय, कृष्ण बलदेव वैद और निर्मल वर्मा इसलिए नहीं बड़े हैं कि उन्होंने अपने समय, संस्कृति के यथार्थ का हूबहू चित्रण किया, वरन वे इसलिए बड़े हैं कि उन्होंने यथार्थ के इकहरेपन की धारणा को न केवल ध्वस्त ही किया, साथ ही उसकी विविधता और रूपों का सम्यक् अवलोकन भी हमें करवाया। उनके रचनाकार ने अनुभव और भाषा के योग से कलाबोध की खोज की। उसी कलाबोध से

भाषा का, विधा का और कहने के ढंग का विकास हुआ। हमारे शिल्प के उपकरण मिथक, प्रतीक, फन्तासी और रूपक आदि दरअसल भाषा के साहित्यिक विकास की प्रक्रिया की कोशिश का परिणाम है। ये सब हमारे यथार्थ को कहने के ढंग को उसके इकहरेपन से च्युत कर बहुअर्थगर्भिता और विस्तार से युक्त कर देते हैं।

दूसरी महत्त्वपूर्ण बात यह कि हर श्रेष्ठ रचनाकार इस तथ्य से परिचित रहता है कि अनुभूति ही साहित्य या कला का मूल आधार है। अपनी अनुभूति की गहराई एवं पारदर्शी दृष्टि के श्रेष्ठतम को अपने कला माध्यम के जरिये हमारे सामने लाता है। ये रचनाकार इस तरह के निर्मल मन के धनी होते हैं कि वे अनुभव के अनन्त में से भी वे हमारे लिए बिना किसी पूर्वधारणा, पूर्वग्रह और सब प्रकार की कंडिशनिंग से मुक्त होकर अनुभव को उसकी समग्रता में हमारे सामने रखते हैं। इसी से कला की अविराम यात्रा को अनन्त ऊर्जा मिलती रहती है।

तथ्य यह भी है कि कोई भी कला जब जीवन से सटकर चलती है या यथार्थ को अपने विधागत रूप के नजदीक लाती है, तो इस प्रक्रिया का सर्वाधिक दबाव विवेक पर पड़ता है। इसलिए ऊपर हमने संयत दृष्टि के साथ विवेक का जिक्र किया। यहाँ रचनाकार को अनुभव के संसार से जो कुछ भी मिला है, उसमें से क्या-क्या छोड़ना और क्या-क्या लेना, का विवेक उसके आगे की राह को आसान बनाता है।

विधा और रचनाकार

हम भारतीय लेखक उस विधा के बारे में कम सोचते हैं, जिसे स्वयं अपने सृजन के लिए चुनते हैं। हमारे लिए विधा महज माध्यम है, लक्ष्य कुछ और है; साहित्य, समाज और दर्शन। इसलिए साहित्यिक साहित्य की रचना करते हैं। हम नहीं सोचते कि लेखक की नैतिकता उसके विचारों में या उसकी अभिव्यक्ति की विभिन्न शैलियों में निहित नहीं होती, उसकी नैतिकता इस बात में निहित होती है कि उसका अपनी विधा और भाषा के प्रति क्या रुख है? दो शब्दों में कहें कि जिस चीज को हम समाज की आलोचना का औजार मानते हैं, खुद उस औजार का निरीक्षण जरूरी नहीं समझते।
(निर्मल वर्मा, शब्द और स्मृति, पृ. 46)

निर्मल वर्मा का यह कथन भारतीय लेखक चरित्र के एक अत्यन्त महत्त्वपूर्ण पक्ष की ओर हमारा ध्यान आकृष्ट करता है। बहुधा यह पक्ष हमसे अस्पृश्य या कह लें, हमारे ध्यान के परिसर का हिस्सा ही नहीं बन पाता। हिन्दी अपनी परम्परा की सनातन यात्रा को जारी रखे है। दुर्भाग्य से लेखक और विधा के बीच के रिश्ते पर मौन पसरा है। सृजन प्रान्तर के भूगोल में घुसते ही कई जैविक-रासायनिक परिवर्तन हम पर यह दबाव बनाते हैं कि हम इस नीरव प्रदेश में प्रवेश न ही करें, तो ज्यादा ठीक रहेगा क्योंकि यहाँ स्वयं लेखक का किसी अन्य से नहीं वरन स्वयं का स्वयं से संवाद है। अपनी भाषा, विधा और अनुभव के साथ आत्मसाक्षात्कार है। यह प्रक्रिया बड़ी ही जटिल एवं पीड़ादायी है। सम्भवत: इसी कारण सृजन की पीड़ा को प्रसव वेदना के समान कहा गया है।

जब हम यह कथन पढ़ते हैं, तो पाते हैं कि यह कथन हमारे लेखकीय चरित्र का एक जबरदस्त आकलन है। लेकिन जैसे ही थोड़ा विचार कर, ठहरकर और

विशेष ध्यान के साथ इस कथन के मर्म में प्रवेश करेंगे, तो सत्य का एक अन्य उजला पक्ष भी हमारे सामने आता है। यह ठीक है कि डेढ़ सौ वर्ष की अल्पायु में हमारे आधुनिक लेखन ने बहुत कुछ सीखा है और नया किया है, पर यह भी उतना ही ठीक है कि अभी बहुत कुछ किया जाना शेष है। निर्मल वर्मा का यह कथन उस शेष के ही एक महत्त्वपूर्ण पक्ष की ओर इशारा है। अगर हम कहें कि रचनानुभव और विधा का सम्बन्ध अन्योन्याश्रित है, तो कोई अतियुक्ति नहीं होगी। इसका अर्थ यह हुआ कि हमारे लेखक को अपनी विधारूपी देह, जिसके सहारे उसका अस्तित्व है, के बारे में दृष्टि साफ नहीं है। यानी हम अपनी सृजनात्मकता के मूल से भली-भाँति नहीं जुड़े हैं। जबकि अपनी प्रकृति में यह सम्बन्ध नाभिनालबद्ध है।

इसका अर्थ हुआ कि हमारा सृजनात्मक अनुभव अभी उस गहराई का स्पर्श ही नहीं कर पा रहा है, जिसका स्पर्श करना उसकी प्राथमिक एवं आधारभूत जरूरत है। जाहिर है कि देह की प्रकृति और विशिष्टता के अनुसार ही रचनाकार का भाव अपने मूल सत्त्व के साथ पाठक तक पहुँचेगा। इसलिए जो रचनाकार अपनी देह के अस्तित्व और उससे जुड़े गहन प्रश्नों से जितना रूबरू होगा, उसकी सृजनात्मकता का तेज उतना ही प्रखर होगा, उसका प्राण तत्त्व उतना ही परिपुष्ट होगा इसका कारण स्पष्ट है कि प्राण कोई तरल पदार्थ नहीं है। हमारा रचनात्मक या सृजनात्मक अनुभव विधा रूपी देह में संचरण अवश्य ही करता रहता है, पर उसकी प्रकृति में द्रव्य की-सी तरलता नहीं है, वरन अपने विशिष्ट आत्मअन्वेषण या उसकी प्रक्रिया से उपजे अनुभवों के साथ विधा के उस विशिष्ट प्रारूप में अवस्थित होकर उस देह को परिपुष्ट करता रहता है।

यह तो हम जानते ही हैं कि प्रत्येक कृति के संघटन में अनुभूति के अतिरिक्त और भी कई तत्त्व सृजन-प्रक्रिया के सहभागी होते हैं। विधा उस प्रक्रिया का रूप है, जिसके माध्यम से अनुभव, भाव, संवेग आदि अपने अमूर्त भाव को भाषा में मूर्त करते हैं।

इसे महज संयोग ही कहा जाए कि हिन्दी आलोचना के परिसर में अभी काव्य संरचना के निर्माण में स्वयं लेखक या कवि की भूमिका क्या रही है? इस पर पर्याप्त ध्यान ही नहीं जा रहा है। हमने रचनाकारों की सृजन-प्रक्रिया पर तो विस्तार से चर्चा कर अन्यान्य अनुशासनों के साथ उसके रिश्ते पर और तुलनात्मक दृष्टि से भी पर्याप्त काम किया है, पर स्वयं रचनाकार जिस विधा में रच रहा है, उसकी

अपनी सृजन की प्रक्रिया और विचार के अन्तर्लोक, काव्य संरचना के सम्बन्ध में अभी पर्याप्त सामग्री उपलब्ध नहीं है।

ऐसे में जब विषय की गहराई में उतरेंगे, तो लगता है कि निर्मल वर्मा का यह कथन अधिकांशतः सत्य है, पर सम्पूर्ण सत्य नहीं है। यह जानने की जिज्ञासा भी मन में निरन्तर उठती रही है कि जिन अत्यल्प कवियों ने इस कठिन कार्य को साधा है क्यों न उनके सृजन के अन्तर्लोक की यात्रा की जाए। यह ठीक है कि आधुनिक हिन्दी के भीष्म पितामह कहे जाने वाले भारतेन्दु के काल में रचनाकारों ने अपनी विधा के साथ स्वयं के रिश्ते पर ध्यान नहीं दिया। इसका एक कारण तो उस समय की विशिष्ट परिस्थितियाँ रहीं। दूसरे, उन्होंने राष्ट्रीय स्वतंत्रता आन्दोलन में साहित्य को जनजागृति के एक उपकरण की तरह इस्तेमाल किया। यह शायद उस समय की तात्कालिक माँग और पश्चिमी प्रभाव का परिणाम था। यह सिलसिला द्विवेदीकाल तक भी चलता रहा। हालाँकि सरस्वती जैसी पत्रिका में निरन्तर देश-विदेश के साहित्य सिद्धान्तों एवं सर्जकों के विशिष्ट अनुभव प्रकाशित होते रहे, पर विधा के रूप पर किसी का ध्यान या अपनी रचना-प्रक्रिया के बहाने रचना के साथ रचनात्मक संवाद का कोई प्रामाणिक उदाहरण अभी अलक्षित ही है। हो सकता है कि गहन शोध-अनुसन्धान के साथ कुछ चीजें कालान्तर में सामने आएँ, पर अभी तक हमारे सामने कोई विशिष्ट द्रष्टव्य उदाहरण नहीं है।

जब हम इस दृष्टि से साहित्य के इतिहास में गहरे उतरेंगे, तो पाएँगे कि प्रसाद से आरम्भ होकर निराला, पन्त, दिनकर, विजयदेव नारायण साही, अज्ञेय, मुक्तिबोध, धर्मवीर भारती, गिरिजाकुमार माथुर, रघुवीर सहाय, केदारनाथ सिंह, अशोक वाजपेयी, नन्दकिशोर आचार्य, राजेश जोशी, आदि की एक पूरी परम्परा हमारे साहित्य प्रांगण में है, जिन्होंने न केवल अपनी-अपनी विधाओं में महत्त्वपूर्ण और उल्लेखनीय कार्य कर साहित्य को समृद्ध किया है, साथ ही अपनी विधा के साथ आत्मसाक्षात्कार करने की गम्भीर पहल भी की है और इस पहल ने विधा के पारम्परिक रूप, और तत्त्वों की उपस्थिति पर कई प्रश्न खड़े किए हैं। इस सूची में कुछ और नाम जोड़े या घटाए जा सकते हैं।

जब इस परम्परा पर दृष्टिपात करते हैं, तो यह तो कहना समीचीन जान पड़ता है कि संख्यात्मक दृष्टि से तो अत्यल्प कवियों या लेखकों ने इस सघन संवेदनात्मक कार्य को सम्पन्न करने की गम्भीर कोशिश की है, पर जिन कवियों ने अपनी लेखनी को विधा के रूप पर चलाया है, वह मात्रा में कम होने के बावजूद गुणवत्ता में तो

वह बहुत ही सार्थक, प्रभावी और विधा के भविष्य को दिशा देने वाला रहा है। ऐसे में निर्मल वर्मा का यह कथन नवीन पथ को प्रशस्त करता हुआ हमारे लिए अखंड अनुभूतियों के असंख्य प्रवेश द्वार भी खोलता है। क्योंकि व्यवहार में ऊपर की सूची में आए इन सभी रचनाकारों का सृजनकर्म इसका साक्षी है कि उन्होंने विधा के तात्त्विक रूप, दर्शन, सोच एवं व्यवहार यानी समग्र पक्ष पर पर्याप्त सोच, विचार और चिन्तन किया है।

अब तक की आलोचना में इन कवियों के काव्य संसार पर समाजशास्त्रीय, साहित्यशास्त्रीय दृष्टि से पर्याप्त चिन्तन-मनन हुआ है, पर स्वयं कविजन का अपनी विधा एवं प्रक्रिया के बारे में क्या विचार हैं? इस पर गम्भीर दृष्टि सम्पन्न अध्ययनों की आवश्यकता अभी भी बरकरार है। एक सच्चे आलोचक का दायित्व है कि वह कवि के काव्य विषयक चिन्तन को उसकी काव्यभाषा, काव्य संरचना, लय और शब्द विधान आदि के जरिये देखे-परखे और जाँचे। इन कवियों की काव्य प्रक्रिया क्या है? इन कवियों की प्रक्रिया पर तुलनात्मक दृष्टि से जो सृजनात्मक सत्य सामने आता है, उसका स्वरूप क्या है? आदि का उद्घाटन हो।

दुर्भाग्य से हमारी आलोचना का वर्तमान अभी अधिकांशत: दरोगाई भूमिका निभाने में प्रवृत्त है। जो थोड़े-बहुत प्रयास इस दिशा में हुए भी हैं, तो इस दरोगाई दंगल के कनफोड़ शोर में दब गए हैं। आलोचक का काम किसी को गिराकर किसी को उठाना नहीं है, वरन उसका काम रचना के सच का साहित्य के अपने स्वभाव और अध्यात्म से उसके रिश्ते की पड़ताल करना है। हिन्दी में कवि आलोचना ने यह काम करने की गम्भीर कोशिश की है। प्रश्न उठ सकता है कि कवियों को यह काम करने की जरूरत क्यों पड़ी? इसके उत्तर में हम कह सकते हैं कि जब कवियों ने देखा कि यह सही है कि हमारा मूल कार्य है रचना का सृजन। लेकिन जब लोग हमारे लिखे के मर्म तक पहुँचने में या हमारे सम्प्रेषण चैनल के साथ सहजता महसूस नहीं कर पा रहे हैं, तब उन्हें अपने सृजन के मर्म का उद्घाटन करने के लिए आलोचना के मैदान में उतरना पड़ा। छायावाद का जो मजाक बना, उसके मूल में यही कारण काम कर रहा था। तब कुछ कवियों ने कमान सँभाली और अज्ञेय के तारसप्तक और पन्त के पल्लव की भूमिका को हम इसी राह के श्रेष्ठ उदाहरण के रूप में देख सकते हैं।

कवि आलोचक और आलोचक के देखने में अन्तर होता है। अज्ञेय के कवि-आलोचक कर्म से इसे हम बहुत ही स्पष्ट और साफ ढंग से समझ सकते हैं। उन्होंने

अपने लेखन से यह स्थापित किया कि सृजन में केवल वह ही नहीं होता, जिसे कवि देखता है, या रचनाकार देखता है। वे कहते हैं कि जब कवि या रचनाकार इस देखे हुए के भीतर उतरने की प्रक्रिया को भी देखता है। तो ऐसे में वह देखना ठीक-ठीक वहीं देखना नहीं रह जाता है, जो कवि-कर्म का प्रथम सोपान है। वह बदल जाता है। इसी अर्थ में वे कहते हैं कि काव्य सामग्री कवि की परिचित है, काव्य नहीं। क्योंकि काव्य-सृजन के व्यापार में अचानक कुछ कौंधता है। इसी कौंध से नई अनुभूति का उदय होता है। कवि एक नई चेतना, उमंग और रस से भर उठता है। इसलिए कहा गया है कि कवि काव्य को नहीं काव्य की सामग्री को जानता है। अत: कवि के दर्शन को भी जानना हमारे लिए अत्यन्त आवश्यक है। कवि आलोचना के प्रमुख कवियों ने इस गम्भीर कार्य को खामोशी और जिम्मेदारी के साथ करते हुए हिन्दी आलोचना को परिपूर्ण और परिपक्व करने की सार्थक कोशिश की।

आलोचक का प्राथमिक दायित्व है कि वह कृतिकारों/सर्जकों के काव्य चिन्तन के मूल हेतु, प्रयोग और प्रासंगिकता को तार्किक सरणि में रखते हुए देखें और यह जानने का प्रयास करें कि विधा के स्वरूप एवं पक्ष पर उनका अपना तर्क किस आधार पर खड़ा है और उसके सहायक तर्क क्या हैं। समीक्ष्य काव्य और कवि के विचारों को विभिन्न विचारकों के विचारों के साथ रखकर देखेंगे, तो उनसे एक सहमति और असहमति हो सकती है, लेकिन आलोचक को सहमति-असहमति पर रुकना नहीं है वरन उसका असली सफर तो वहीं से ही आरम्भ होता है कि उसका रास्ता, उसकी सोच एवं काव्य व्यवहार की दिशा के साथ संगति बनती है या नहीं। अगर यह संगति बनती है, तो कैसे और नहीं बनती तो किस तरह। इस तरह के अध्ययन ही हमारी आलोचना की दशा-दिशा, गति-मति को सम्यक् बनाएँगे।

कविता और गद्य

भारतीय काव्य शास्त्र परम्परा में गद्य को कवियों का निकष कहा गया है। यह सूत्र वाक्य हमें इस पर चिन्तन करने को अग्रसर करता है कि कविता और गद्य का परस्पर रिश्ता क्या है? क्या हर कवि के लिए यह जरूरी है कि वह गद्य के निकष पर स्वयं को कसे? क्या गद्यकार के लिए कवि होना आवश्यक है? आज का परिवेश, अनुभव की अभिव्यक्ति के किस रूप की माँग करता है? क्या कविता को बिना गद्य के समझा और समझाया जा सकता है? फ्रांसीसी चिन्तक पॉल वैलरी ने गद्य और पद्य का अन्तर करते हुए इसे चलने और नाचने के उदाहरण से समझाया है। चलना एक गतिमान प्रक्रिया है और नाचना एक निश्चित स्पेस में ही चलना है। यही सूक्ष्म अन्तर गद्य-पद्य में भी है। यहाँ चलना गद्य और नाचना कविता है। हम यह भी देखते हैं कि जीवन के अधिकांश कर्म गद्य के रूप में ही चल रहे हैं। कवि भी इसी जीवन का हिस्सा है। वह अपनी संवेदना, अनुभूतियाँ और उनका संचरण इसी परिवेश में प्राप्त करता है।

कई बार वह अपने अनुभवों की अभिव्यक्ति से सन्तुष्ट नहीं होता, बहुधा वह अपनी काव्य कला की विविध व्याख्याओं से भी सहमत नहीं होता, तब वह अपने मत की पुष्टि के लिए दृष्टि के विस्तार, विभिन्न पहलुओं और आधारों को भली-भाँति सम्प्रेषित करने के लिए गद्य की ओर उन्मुख होता है। क्योंकि हमारी परम्परा में काव्य एक ऐसा तत्त्व है कि जिसकी परिधि बहुत विशाल है। अत: वहाँ सब कुछ काव्य के ही अन्तर्गत है, उससे बाहर नहीं। गद्य और पद्य भी। वैसे भी गद्य और पद्य भाषा के रूप हैं काव्य के नहीं। हमने अपनी समझ की सुविधा के लिए ज्ञान को जिस तरह विभिन्न अनुशासनों में बाँटकर परिभाषित करना एवं समझना

आरम्भ किया, ठीक वैसे ही काव्य के क्षेत्र में भी ऐसे प्रयासों से भाषा के गद्य और पद्य रूप व उनकी विधाओं का निरूपण हुआ। उदाहरण के लिए जब हिन्दी परिसर में ही छायावाद को भली-भाँति नहीं समझा गया, तब छायावादी कवियों ने इसी गद्य के माध्यम से अपना पक्ष हमारे सामने रखा।

यहीं से ही हमें वह प्रवेश द्वार मिलता है कि जहाँ से हम जान सकते हैं कि कैसे एक रचनाकार के संसार को समझा व देखा जाए। कविवर पन्त ने पल्लव की भूमिका, अज्ञेय ने तारसप्तक की भूमिका आदि से यही काम किया। उन्हें अपना पक्ष रखने के लिए गद्य का माध्यम आवश्यक रूप से चुनना पड़ा। इन्हीं कारणों से प्राय: समीक्षक-आलोचक यह कहते देखे जा सकते हैं कि एक अच्छी कविता अच्छा गद्य भी होती है और अच्छा गद्य अच्छी कविता। गद्य के पक्ष में एक और ठोस तर्क यह है कि गद्य को गद्य से ही समझा जा सकता है जबकि कविता को समझाने, उसके मर्म का उद्घाटन करने और उसके अर्थ का सरलीकरण करने के लिए गद्य की आवश्यकता रहती है। हिन्दी में कवियों द्वारा लिखा गया गद्य और आलोचना इसकी साक्षी है कि कवियों द्वारा लिखे गद्य का आस्वाद केवल गद्यकारों द्वारा लिखे गद्य की तुलना में कुछ अधिक रसमय है। हाँ, यह हो सकता है कि कोई गद्यकार जिसका गद्य हमें अत्यन्त रसमय अनुभूति देता है, वह कवि पहले हो और गद्यकार बाद में। पर यह तय है कि उस गद्य की ताजगी, अर्थ-ध्वनियाँ, शब्दों का नवोन्मेष, तल्लीनता, खुलापन और प्रवाहमयता का ऐसा सुन्दर तालमेल अत्यन्त दुर्लभ होता है।

हर कलाकार अपने आत्म के विस्तार के लिए निरन्तर प्रयत्नशील रहता है। उसकी इस यात्रा में मुहावरे, धारणाएँ, सौन्दर्यबोध उसके सहयात्री होते हैं। कई-कई बार तो कलाकार स्वयं को तोड़ने की अपनी प्रक्रिया में स्व के प्रति भी प्रतिक्रिया करता है। कविता और गद्य के रिश्ते को इसी रूप में देखा-समझा जाना चाहिए, न कि किसी अलगाव या विभाजनकारी प्रक्रिया के चरण के रूप में। किसी भी कवि के लिए गद्य पराक्रम का विस्तार भर नहीं, वरन भाषा की अनन्त सम्भावनाओं के साथ एकाकार होने की सृजनात्मक चेष्टा भी है। कवि गद्य के माध्यम से सबके साथ, सबके समान होना चाहता है। यहाँ इस तथ्य पर भी गौर करना जरूरी होता है कि जीवन एक निरन्तर गतिमान प्रक्रिया है। साहित्य का केन्द्र जीवन है। इसलिए लेखक समय, देश-काल व परिस्थिति के अनुरूप अपनी अभिव्यक्ति की नई राहों का अन्वेषण करता रहता है।

हर समय की अपनी माँग रहती है, हर संस्कृति का अपना एक सम्प्रेषण माध्यम होता है। इन्हीं के कारण एक रचनाकार अपने सृजनात्मक व्यवहार से अपनी संवेदनाओं को भिन्न-भिन्न विधाओं के जरिये भाषा के गद्य या पद्य रूपों में व्यापक समाज के सामने रखता है। जीवन की जटिलताएँ, बहुलताएँ, अभिरुचियाँ व आवश्यकताएँ भी निरन्तर बदलती रही हैं। उसी के अनुरूप काल विशेष में रचनाकार भाषा के द्वारा विधा विशेष के माध्यम से अपनी अनुभूति के आकार को मूर्त रूप देने की कोशिश करता रहा है। सारत: जोसेफ ब्रॉडस्की ने अपने प्रसिद्ध निबन्ध कवि और गद्य में लिखा है कि एक गद्य लेखक कविता से क्या सीखता है? किसी एक दुनिया के विशिष्ट गुरुत्वाकर्षण के सन्दर्भ पर निर्भर रहने का तथ्य, एकाग्र चिन्तन, प्रत्यक्ष प्रमाणित को छोड़ सकने का प्रयत्न और वे खतरे जो मस्तिष्क की उत्थित अवस्था में छिपे रहते हैं। और एक कवि गद्य से क्या सीखता है? ज्यादा कुछ नहीं, ब्योरों पर ध्यान देना, सामान्य बोलचाल की भाषा का इस्तेमाल और कार्यालयी कर्म और विरल उदाहरणों में संयोजन की थोड़ी-बहुत जानकारी।

साहित्य पगडंडी है मार्ग नहीं

जीवन एक अविराम यात्रा है। हर यात्रा का अपना रोमांच होता है। मार्ग और पगडंडी में महत्त्व किसका है? कैसे है? इस दृष्टि से देखें, तो साहित्य क्या है मार्ग या पगडंडी?

दरअसल हमने अपने अनुभव से अधिकांश यही जाना है कि लोग सदैव मार्ग ही पूछते हैं। वे भूल जाते हैं कि मार्ग से पहले पगडंडी का अपना महत्त्व है। क्योंकि यदि पगडंडी सही है, तो मार्ग मंजिल तक जरूर ले जाएगा।

साहित्य के सम्बन्ध में मार्ग से तात्पर्य है रचनाकार का पूर्वग्रहों, अभ्यासों और निर्धारित धारणाओं का चयन या वरण। यहाँ एक बात और ध्यान देने योग्य है कि मार्ग का चयन करते समय हम अकसर भूल जाते हैं कि मार्ग भविष्यगामी है, जबकि पगडंडी हमारा वर्तमान है। जीवन न भूत है और न ही भविष्य। अत: एक श्रेष्ठ रचनाकार अपनी सृजनात्मक प्रक्रिया में इस तथ्य को मद्देनजर रखता है। वह परम्परा के मार्ग का सन्धान करने के लिए पगडंडी की पहचान करता है। वह जानता है कि उसकी सृजनात्मकता जीवन के विराट सृजन से तभी जुड़ पाएगी जब वह पगडंडी की तलाश को अपना लक्ष्य रखेगा।

क्योंकि अगर हमने कोई रास्ता या कह लें अनुभव पूर्व में ही जान लिया है, तो उसका मतलब यह हुआ कि हमने खोज का रोमांच खो दिया। यानी रचनाकार को अगर यह पहले ही पता है कि उसे क्या करना है? कैसे करना है? कितना करना है? तो फिर सृजन आत्मअन्वेषण नहीं वरन निर्धारित तथ्यों का संकलन एवं यांत्रिक प्रक्रिया भर रह जाएगा। जबकि हम जानते हैं कि सृजन तो अनुसन्धान है, आत्मअन्वेषण है, जिसमें पूर्व निर्धारित कुछ भी नहीं होता। पगडंडी का महत्त्व

यहाँ इसलिए भी है कि पता नहीं वह हमें किस मार्ग पर ले जाए। पगडंडी यानी अनुभव का मार्ग।

साहित्य ज्ञान की प्रक्रिया है। जिसमें भावों के सूक्ष्म रूपों का सन्धान होता है। इसीलिए वहाँ स्थूल का महत्त्व नहीं। शायद यही कारण है कि सभी कलाएँ हमें अहसास या अनुभूति की तरफ ले जाती हैं, अर्थ की तरफ नहीं। अनुभव या अहसास ही रचना का प्रवेश द्वार है। इसलिए अच्छे विचारक कविता को केवल शब्दक्रम नहीं भावक्रम भी मानते हैं। प्राय: यह कहा जाता है कि साहित्य वह सन्धान करता है जो ज्ञान के शेष अनुशासन नहीं कर पाते हैं। इसका कारण यह है कि जहाँ ज्ञान के शेष अनुशासन आस्वादक को अनुभव के ऐन्द्रिकबोध, तथ्य और सूचना की ओर आकर्षित करते हैं, वहीं साहित्य अनुभूति की आन्तरिक प्रक्रिया के साथ हमें जोड़ता है। साहित्य में प्राय: परकाया प्रवेश की बात कही, पढ़ी और सुनी जाती है। यह परकाया प्रवेश कोई तंत्रोक्त अनुष्ठान नहीं है। दरअसल अनुभव में प्रवेश ही परकाया प्रवेश है। ऐसे अनुभव में प्रवेश जो हमारे जाने-पहचाने संसार का हिस्सा न रहा हो। ऐसा करने के लिए हर रचनाकार को अपने पूर्व निर्धारित ढाँचे का ढहाना होता है, पूर्वग्रहों, मतों, अवधारणाओं से मुक्त होना होता है। तभी यह सम्भव होने की स्थिति आ पाती है। हम सब जानते हैं कि साहित्य में अनुभव का स्रोत शब्द है। वही जानने का माध्यम भी है। यहाँ यह जानना ही अनुभूति है। हर अच्छा रचनाकार या सर्जक खासकर साहित्य में वह केवल अनुभव का वर्णन नहीं करता और न ही उसे हमें दिखाने की कोशिश करता है, वरन वह तो उस विशिष्ट झलक, अनुभव क्षण को हमारे अहसास का हिस्सा बनाने की सार्थक कोशिश करता है, जहाँ जानने की इस प्रक्रिया में समस्त इन्द्रियाँ भी हमें संवेदनशील और सजग बनाने में अपना सहयोग देती हैं। यहीं पर अनुभव अपना आकार ग्रहण करता है।

हम प्राय: यह अनुभव करते हैं कि जब-जब भी हम किसी कृति के साथ होते हैं, तो हमारे सामने केवल कृति नहीं होती, उसके साथ कृतिकार, शीर्षक, विषयवस्तु, विधा, शैली भाषा आदि भी सहज ही हमारी समझ के परिसर में अपना स्थान बना लेते हैं। परिणामस्वरूप प्राकृतिक रूप से सम्पन्न हो रही आस्वाद की प्रक्रिया में बाधा उत्पन्न होती है। क्योंकि इन सबकी उपस्थिति के चलते आस्वाद की सघन प्रक्रिया से अनुभव के भव में विक्षेप आता है। जबकि सतही दृष्टि से तो हम केवल कृति का ही अवलोकन कर रहे होते हैं, पर अन्तर्दृष्टि से देखें, तो हम अपने ही बनाए इन खाँचों में उलझ-पुलझ रहे होते हैं। हमारा बनाया मकड़जाल ही

हमें अपनी गिरफ्त में ले लेता है। यहीं शास्त्रज्ञान भी अपने सूचनात्मक ज्ञान से हमें निर्देशित करने लगता है। यानी हम कृति पर शास्त्र या विचार का आरोपण कर उसे समझने का प्रयत्न करते हैं। यानी हम एक प्रकार से दोहरे दायरे में आ जाते हैं। लेकिन यदि पाठक गम्भीर या कहें सुधी है, तो अपनी सजगता से वह इन सबको दरकिनार कर कृति के साथ संवाद स्थापित करते हुए संवेदनात्मक अन्वेषण प्रक्रिया में आत्मस्थ होने की राह पर आगे बढ़ता जाता है। वह कृति को कृतज्ञता के साथ स्वीकार कर रहा होता है। इसीलिए वह आगे जाकर रसानन्द की स्थिति को प्राप्त करता है। इस सम्पूर्ण प्रक्रिया में आत्मीयता की भूमिका भी महत्त्वपूर्ण होती है।

समस्त कलाएँ देखने, पढ़ने या सुनने तक ही सीमित नहीं है वरन कोई भी श्रेष्ठ सृजन या कला हमें हमारे अजाने, अस्पर्शी और अलक्षित से हमें जोड़ती है। अज्ञेय अपनी एक कविता में कहते हैं—"है अभी कुछ और/ जो कहा नहीं गया।" यानी हमें हममें जो कुछ छूटा है, उसे पूरा करने या कह लें, हमें सम्पूर्ण करने की कोशिश ही सृजन है। इसलिए एक श्रेष्ठ कृतिकार स्वयं का स्वयं से संवाद स्थापित करता है। एक श्रेष्ठ कृति या कृतिकार हमें जीवन प्रवाह के अनन्त अनुभवों के भव की यात्रा करवाता हुआ जीवन से अलग नहीं करता वरन जोड़े रखता है। यही यात्रा हमारे जीवन को आकार देती है, उसे बिगाड़ती नहीं वरन उघाड़कर उसके अनिंद्य सौन्दर्य को हमारे सामने रखती है। इसीलिए श्रेष्ठ सृजन स्वयं कलाकार को तो समृद्ध करता ही है, वह अपने पाठक/श्रोता/सामाजिक को भी दीक्षित/पोषित करता है।

एक श्रेष्ठ रचनाकार की प्रकृति प्रकृति (Nature) की तरह होती है। यह अनुभव तो अकसर हम करते ही हैं कि जब-जब भी हम प्रकृति के अनन्त परिसर में प्रवेश करते हैं, तो प्रकृति बस हमारे सामने खुलती जाती है। हमने अपने अनुभव से यह भी जाना है कि प्रकृति के पास पुनर्रचना की कोई विकल्प नहीं है। वह तो बस है। श्रेष्ठ रचनाकार की प्रकृति भी यही होती है कि वह अपने पाठक के लिए पुनर्रचना नहीं करता वरन उसके लिए अनुभव के गहनतम प्रदेश में प्रवेश के लिए जगह बनाता है। अपनी असंख्य अनुभव यात्राओं को उसके साथ साझा करता है ताकि उसका अनुभव परिष्कृत, परिवर्धित और परिपक्व हो सके। यहाँ पर रचनाकार की ग्रहण शक्ति और अभिव्यक्ति के बीच सन्तुलन का होना भी बहुत जरूरी हो जाता है। वही रचना के चैतन्य का बीज होता है। यहाँ रचनाकार के लिए भावुकता के प्रवाह की समस्या भी आती है। भावों का अविच्छिन्न प्रवाह आस्वादक को भाव-अभ्यारण्य में ले जाता है, पर सजग एवं बौद्धिक रचनाकार इस विक्षेप, विचलन

के दबाव से पर्याप्त दूरी रखते हुए हमें अनुभूति के अन्तर्लोक की यात्रा करवाता है

सृजक के लिए जीवन एक प्रयोगशाला है। जहाँ वह अपने अनुसन्धान को गति देता है। इसलिए किसी भी प्रकार का सृजन सर्जक के लिए प्राण शक्ति या अनन्त ऊर्जा का स्रोत भी है। वहीं से वह अपनी रसमयता के केन्द्र से जुड़ता है। वहीं से यात्रा करता हुआ वह संवेदना के मैदान में शब्द को संस्कारित करता है। यहाँ प्रश्न पूछा जा सकता है कि शब्द का संस्कार कैसे होता है? तो इसके उत्तर में कहा जा सकता है कि हर मनुष्य में अनेक पीढ़ियों का इतिहास, विचार और संस्कृति साहचर्य का अनुभव संचित और संरक्षित होता है। इन्हीं के सहयोग से वह अपने अभिव्यक्ति कौशल के माध्यम से शब्द का संस्कार करता है।

कला पढ़ने की नहीं, देखने की विधि है

जीवन एक निरन्तर विकासमान प्रक्रिया है। यही कारण है कि हम जीवन को किसी बने-बनाए साँचे या किसी एक विचार से आबद्ध या परिभाषित नहीं कर सकते। साहित्य और कलाओं की अनूठी विशिष्टता यह है कि ये जीवन से उत्पन्न होकर जीवन की आलोचना करती हैं। यानी जीवन के साथ साहित्य और कलाओं का रिश्ता अत्यन्त अहम है। एक विशेष तथ्य यह भी है कि जीवन अपनी संरचना में कुछ इस तरह से है कि आप इसके बारे में इसे जिये बिना कुछ भी नहीं कह सकते।

साहित्य और कलाएँ अस्तित्व और जीवन की खोज में लगी अनवरत प्रक्रियाएँ हैं। इन प्रक्रियाओं के चलते ही हम अपने इर्द-गिर्द पसरे जीवन से नित-नूतन अद्वितीय अनुभव करते रहते हैं। यह जो नित नूतन खोज का सिलसिला है या अपूर्व को पाने का सुख है, वह कलाओं से हमें बेहतर रूप में इसलिए मिलता है, क्योंकि कलाकार हमेशा अपने अधूरेपन को पूरा करने की जिद से लबरेज रहता है। पूर्णता उसकी गहरी और उद्दाम आकांक्षा है। इसलिए वह जीवन के अधूरेपन से पूर्णता की ओर बढ़ने की निरन्तर कोशिश करता रहता है। जबकि वह यह जानता है कि जीवन एक समाप्त होने वाली प्रक्रिया है, पूर्ण होने वाली प्रक्रिया नहीं। पर अपनी जिद के चलते वह अपनी खोज की यात्रा में आगे बढ़ता है और कुछ-न-कुछ अपूर्व हासिल करता है।

साहित्य या कलाएँ हमारे समय में जितनी तेजी से पढ़ी जा रही हैं उतनी इतिहास के किसी अन्य कालखंड में नहीं पढ़ी गईं। अब इस नई अवस्था में हम सब कुछ पढ़ने को आतुर हैं। इस पढ़ने की आतुरता के चलते हमसे कलाओं के साथ सहज रिश्ता बनाने की कला छिटकती जा रही है। यह भी है कि जीवन आपाधापी, अन्तर्द्वंद्वों, असंख्य सफलताओं-विफलताओं के अनवरत क्रम में आगे

बढ़ते हुए साहित्य और कलाओं के साथ अपना अपनापा खोता जा रहा है। प्रश्न उठता है कि इस अपनत्व-क्षरण के मूल कारण क्या हैं?

स्थूल दृष्टि से देखेंगे तो हम कहेंगे कि जीवन में यंत्रों की भरमार, सामाजिक पर्यावरण का असन्तुलित होना और समरसता का अभाव इसके बड़े कारण हैं। इसके चलते हमारा जीवन इस रूप में अपरिपक्व और अप्रशिक्षित ही रह जाता है कि हम साहित्य और कलाओं के साथ उत्तरोत्तर विकासशील सम्बन्ध विकसित करें। मगर सूक्ष्म दृष्टि से देखेंगे, तो लगता है कि इसके मूल में कलाशिक्षा की भूमिका प्रमुख है। हमारी शिक्षा पद्धति की संरचना कुछ इस तरह से विन्यस्त है कि वह विषय को पढ़ने, रटने और उसका एक बना-बनाया उत्तर देने पर जोर देती है, जानने और अनुभव करने पर नहीं। इस कारण हम किसी विशिष्ट साहित्यिक रचना और कला-रूप से रागात्मक सम्बन्ध बनाने की ओर प्रेरित नहीं होते।

कारण साफ है कि प्रारम्भ से ही हम एक ऐसे परिवेश में प्रशिक्षित होते हैं, जहाँ हमें हर विषय को पढ़कर कुछ खास तरह से समझने-विचारने की पद्धति में ही प्रशिक्षित किया जाता है। परिणामस्वरूप रचनात्मक अनुभव से गुजरना या उस तरह के अनुभव को अनुभूत करना हमारे लिए किंचित् कठिन हो जाता है। और तो और पढ़ने की भी हमने अपनी तरह की कई विशिष्ट शैलियाँ विकसित कर रखी हैं। उसके चलते बहुत से कलानुभव तो हमारे अनुभव जगत से अछूते ही रह जाते हैं। क्योंकि वे अनुभव हमारे द्वारा विकसित की गई शैलियों या साँचों में नहीं अँटते हैं। कलाओं के साथ हमारा सहज सम्बन्ध धीरे-धीरे क्षीण होता जाता है, और अन्ततः रागात्मक रिश्ता तो रहा दूर, हम उस तरफ भली प्रकार से सोच-विचार तक नहीं कर पाते।

कोई भी कलानुभव अपनी समग्रता में हमें गहरे आनन्द या कहें केन्द्रस्थ करने की कोशिश में तभी सफल होता है जब हम हमारे आत्म के इर्द-गिर्द बिखरे रीति, नियमों, शास्त्रों, विचारों, पूर्वग्रहों और अन्तर्द्वंद्वों से मुक्त होकर शुद्ध कलात्मक आनन्द का अनुभव करें। विश्व साहित्य की ही नहीं वरन किसी भी भाषा और साहित्य की कालजयी कृतियों और कृतिकारों में यही विशिष्टता पाई जाती है।

किसी भी कलानुभव की सार्थक परिणति तब होती है जब वह कलानुभव हमें स्वयं आगे बढ़कर अपनाए। और यह तभी सम्भव होता है जब कलाओं के इर्द-गिर्द जीवन का विकास हो। यह तो हम जानते ही हैं कि कला-रचना में व्याप्त अनुभव ही वह स्रोत है जो हमें या तो कला के एकदम करीब ले जाता है और या

उससे दूर। दर्शन की भाषा में इस प्रक्रिया को दर्शन, दर्शक और दृश्य के त्रिकोण से समझा जा सकता है।

प्रत्येक कलाकार अपने आस-पास के परिवेश, तत्कालिक या प्रचलित कला-विधानों और आत्मसृजन करने वाले अनुभवों के भव से घिरा होता है। अब चयन उसका है कि वह अपनी अभिव्यक्ति के लिए ऊपर बताए मार्गों में से किसी एक का या अन्य का चयन अपनी अनुभव यात्रा हेतु करे।

हमारी शिक्षा प्रणाली ने हमें कुछ इस तरह से शिक्षित और दीक्षित किया है कि हम आस-पास के स्थूल उपादानों के प्रति अधिक आकृष्ट रहते हैं। परिणामस्वरूप हम अपने आत्म में कुछ नया जोड़ने वाले अमूर्त विधानों के भूगोल में प्रवेश करने से वंचित रह जाते हैं। हम अपने आस-पास के जाने-पहचाने संसार की पुनर्व्याख्या करने की बजाय उपलब्ध व्याख्या को अंगीकार करना श्रेष्ठ समझते हैं, क्योंकि सूक्ष्म रास्ते तो हमें प्राय: दुर्बोध जान पड़ते हैं, पर वे दुर्गम होते नहीं हैं। क्योंकि जानने और होने में फर्क होता है। लेकिन हमारा अपरिपक्व बोध हमें इसकी अनुमति नहीं देता और प्राय: ऐसी परिस्थिति में हम स्वयं को असुरक्षित या असहज महसूस करते हैं जो हमारी पूर्ण सहज होने की राह में एक बड़ी बाधा के रूप में उभरकर आता है।

ऊपर हमने जिस आत्म सृजन के अनुभव का उल्लेख किया उसके अभाव के कारण ही हम प्राय: कला और साहित्य को देखते हुए भी समग्र रूप से नहीं देख पाते। क्योंकि अंग और इन्द्रिय के रूप में आँख के देखने की विधि में भेद होता है। इसे जानना हमारे लिए आवश्यक है। जब भी हम केवल आँख से देखते हैं तो वह देखना केवल देखना भर होता है, समग्र देखना नहीं। लेकिन जब उसी आँख के साथ हमारा मन, बुद्धि और चित्त भी जुड़ जाए तो आँख इन्द्रिय में परिवर्तित हो जाती है। यानी अब आँख देखने का एक यंत्र भर नहीं है। यानी ये हमारे अनुभव पर निर्भर करता है कि हम आँख का इस्तेमाल यंत्र की तरह करते हैं या इन्द्रिय की तरह। यानी अनुभव मूल है। देखने की प्रक्रिया इस तरह से आनुभविक और गैर आनुभविक दोनों ही तरह से सम्पन्न होती है। इसलिए एक श्रेष्ठ रचनाकार में सजगता, सक्रियता और सहजता का रसायन कुछ इस तरह से घुला-मिला होता है कि उसे केवल दिखाई नहीं दे रहा होता, वरन वह वस्तु, व्यक्ति, घटना, परिवेश आदि-आदि को भली-भाँति देख रहा होता है। अनुभव हमें यह भी सिखाता है कि चीजें जैसी दिखती हैं और देखनी चाहिए उसमें भेद है। अच्छा कलाकार इस भेद को

समझकर अस्तित्व और जीवन को और अधिक क्रियाशील बनाकर हमारे सम्मुख अपनी कृति या सृजनात्मक अनुभव के माध्यम से रखता है।

सामान्यत: देखा यह भी जाता रहा है कि प्राय: लोग कला संसार के अनुभवों को यथार्थ से दूर पलायनवादी दृष्टि से सम्पन्न अनुभव के रूप में देखते हैं। जबकि कलाएँ तो तलाश की अन्तिम प्रक्रिया हैं। अगर गौर से देखें, तो हम पाएँगे कि एक सामान्य मनुष्य की तुलना में एक कलाकार का जीवन अधिक श्रमसिंचित होता है। क्योंकि एक सामान्य मनुष्य तो अपनी दैनन्दिन जरूरतें पूरी करने में ही अपना जीवन लगा देता है, पर कलाकार इसके अतिरिक्त कुछ रचता है और हमारे अनुभव संसार में कुछ नया भी जोड़ता है। क्योंकि वह यह मानता है कि हमारी दैनिक आवश्यकताएँ ही केवल जीवन नहीं हैं। उसकी यह श्रम संस्कारित चेतना ही उसे सामान्य मनुष्य से अलग करती है। इसके अतिरिक्त एक सच्चा साहित्यकार या कलाकार जीवन के अन्तर्लोक और बहिर्लोक दोनों में ही अपनी सक्रिय उपस्थिति देता है।

अत: आवश्यकता इस बात की है कि हम अपने सामाजिक परिवेश के साथ शिक्षा प्रणाली और छात्रों व शिक्षकों के प्रशिक्षण में कला प्रबन्ध और शिक्षा को पर्याप्त महत्त्व दें और इस तथ्य को भली-भाँति समझने का यत्न करें कि कला पढ़ने की नहीं जानने की, देखने की विधि है।

मौलिकता : जीवन का आश्वासन

मौलिकता मानवीय चिन्तन का अत्यन्त महत्त्वपूर्ण और प्रभावी गुण है। अकसर हम मौलिकता के प्रति आकर्षित भी होते हैं तो बहुधा उससे आहत भी। हर व्यक्ति का व्यक्तित्व एक अनूठेपन से विन्यस्त होता है। यह जो प्रत्येक का अनूठापन है, वही मौलिकता की चमक, ताप और प्रभाव की अभिव्यक्ति है। इसी के चलते प्रत्येक व्यक्ति के अनुभव का भव नवीनता से ओतप्रोत रहता है। प्रत्येक संवेदनशील रचनाकार अपनी तरह से संसार को देखता, भोगता और उसकी पुनर्रचना करता है। वह संसार का गुणगान भी करता है, तो उसकी आलोचना भी करता है। इसलिए हर रचनाकार की यात्रा विशिष्ट यात्रा होती है।

जब जीवन के साथ मौलिकता का रिश्ता इस तरह से जुड़ा है, तो फिर क्या कारण है कि हम मौलिकता के प्रति गहरा आकर्षण रखते हुए भी उससे आहत महसूस करते हैं? ऐसा क्यों होता है कि प्राय: प्रत्येक मौलिक रचनाकार व्यक्तित्व को अपने समय, संस्कृति और समाज के साथ संघर्षरत होना पड़ता है? क्यों व्यवस्था के निष्ठुर व्यवहार या कोपभाजन का शिकार प्राय: मौलिक रचनाकार को ही होना पड़ता है?

इन प्रश्नों के मूल में जाने से पहले हमें मौलिक शब्द के मूल या मर्म को भी जानना होगा। मौलिक शब्द की व्युत्पत्ति मूल शब्द से हुई है। मूल के मानी हैं अस्तित्व के साथ जुड़ाव और उससे एकत्व का बोध। अब तक का इतिहास साक्षी है कि हम अपने सम्पूर्ण जीवन में सम्भावनाओं के क्षितिज का अंश भर भी ठीक से उपयोग नहीं कर पाते। अत: अस्तित्व की बहुआयामिता के आगे हमारा जीवन एकायामी रह जाता है। यहाँ फिर प्रश्न उठता है कि अस्तित्व के साथ एकत्व का बोध कैसे अर्जित करें? इसके उत्तर में कहा जा सकता है कि स्वतंत्र चिन्तन और

नवीन विचार को अपने आत्म में शामिल करने से यह सम्भव हो सकता है। साथ ही पठन, श्रवण और मनन के साथ-साथ संवेदनशील सम्बन्ध स्थापित किया जाए। यहाँ ऊपर उठे उन प्रश्नों का उत्तर भी स्वयं ही आ जाता है कि जैसे ही रचनाकार स्वतंत्र चिन्तन और नवीन विचार को अपने आत्म में प्रतिष्ठित करेगा वैसे ही उसकी रचना में व्यक्त हुआ अनुभव पाठक के आत्म में कुछ नया जोड़ेगा। इस जुड़ाव से स्थापित मानदंड, विचार व्यवस्था, भाषा, कहन की आकृति की दिशा, दशा और गति में परिवर्तन आएगा और प्राय: इस तरह के परिवर्तन संस्कृति को यथास्थिति से अवस्थिति बोध की तरफ लाते हैं। मौलिकता और रचनात्मकता का आधार एक ही है—नवोन्मेष। इसी नवोन्मेष से उपजे अनुभव की अद्वितीयता इन्हें परस्पर जोड़े रहती है। हम भली-भाँति जानते हैं कि अकसर हमारा जीवन किसी विचार, शास्त्र अथवा सम्प्रदाय की मान्यताओं से बँधा जीवन होता है। ऐसा जीवन कैसे पूर्ण विकसित जीवन हो सकता है? क्योंकि हमारी चेतना की कंडिशनिंग इतने गहरी हो चुकी होती है कि अब एकदम उससे च्युत होना हमारे लिए कठिन हो जाता है। इसी असुरक्षा की भावना और भविष्य के भय से मौलिकता के प्रति समाज और संस्कृति आहत महसूस करते हैं। क्योंकि वह नवीनता का ताप, तेज और ताकत सहन नहीं कर पाते, जबकि हमारी असली ताकत तो यह है कि जो हमें उपलब्ध है उसमें से हम कितने को स्वीकार और सहन कर पाते हैं और कितने को अस्वीकार। यही मौलिकता के द्वारा जीवन को दिया एक आश्वासन है।

सामान्यत: हम यह समझते हैं कि मौलिकता का सम्बन्ध मन से है। जबकि वास्तविकता यह है कि मौलिकता का सम्बन्ध मन के बजाय हमारी चित्तभूमि से है। हमारा चित्त हमारे अर्जित अनुभव कणों का पुंज है जबकि हमारा मन विचार का अनन्त प्रवाह। चित्त की निर्मिति अनुभव से होती है। हमारी अपनी परम्परा में बाकायदा चित्त भूमि के पाँच प्रकारों का उल्लेख है जो क्रमश: क्षिप्त, गूढ़, विक्षिप्ति, एकाग्र और निरूद्ध है। और हम देख रहे हैं कि सांस्कृतिक प्रकोप और औपनिवेशिक मानस ने वैद्युतिक मीडिया के साथ मिलकर हमारी चित्त भूमि पर एक जोरदार हमला कर रखा है। परिणामस्वरूप हमारे स्वायत्त मानस निर्माण की प्रक्रिया की कोशिशें कारगर साबित नहीं हो पा रही है और चित्तभूमि दिन-ब-दिन खोती जा रही है।

दूसरी ओर विचार विश्व में अनन्त विचार प्रवहमान है। यह हमारे स्वविवेक और चयन पर निर्भर करता है कि उसमें से हम किसका चयन करें और किसको

छोड़ें। हमें महर्षि अरविन्द की इस बात को सदैव याद रखना है कि बौद्धिकता में कुछ भी देशज नहीं होता, सब कुछ उस अखंड अस्तित्व का हिस्सा है। इसलिए हमें जरूरत है ऐसे साहित्य, कला और संवेदनशील आत्मसजग सृजनधर्मियों की जो हमारी चित्तभूमि को निर्मल और पारदर्शी बनाए। शायद यही कारण रहा हो कि हमारी अपनी साहित्य की परम्परा में क्लैसिक कही जाने वाली कृतियों की प्रासंगिकता आज भी बनी हुई है।

ज्ञान के वर्तमान मानचित्र पर उभरी रेखाएँ बताती हैं कि मौलिकता कहीं खोई हुई है। यानी यह माना जा सकता है कि मौलिकता तो है, पर उसकी सजग और सक्रिय उपस्थिति नहीं है। यहाँ फिर एक सहज जिज्ञासा का उदय होता है कि क्या हमारा रचनाकार ज्ञान के नए विमर्श गढ़ने के कौशल से सम्पन्न है? या कहीं उसमें इस कौशल की कमी है। यह गहरी पड़ताल का विषय है। जल्दबाजी में इस पर कुछ कहना विषय के बोध को सीमित करना होगा।

महर्षि अरविन्द की मान्यता है कि जो भारतीय बौद्धिकता किसी समय में दुनिया में अपनी तरह की मौलिकता से सम्पन्न थी, वह दासता के कारण कुन्द और मन्द पड़ गई। यहाँ प्रश्न उठता है कि मौलिकता के संशयग्रस्त होने के कारण हम दासता में थे या हमारी दासता के कारण हमारी मौलिकता नष्ट हुई और हम सदियों तक गुलामी की बेड़ियों में जकड़े रहे। इस पर गहराई से विचार और चिन्तन करने की आवश्यकता है।

हमें यह भी ध्यान रखना होगा कि मौलिकता का कोई मॉडल नहीं होता। अगर किसी समाज के साहित्य, दर्शन और कला की भावदृष्टि में यह दिखाई देता है कि वह समाज चिन्तन के स्वराज को अपनी सोच और व्यवहार से दरकिनार कर कम महत्त्व दे रहा है, तो जाहिर है कि वहाँ मौलिकता का उन्नयन नहीं अवमूल्यन ही होगा। भला उस समाज में मौलिकता का उत्स और विकास कैसे सम्भव है।

मौलिकता की राह में आगे बढ़ने के लिए हमें अपने जीवन को देशज संस्कृति की ओर ले जाना होगा। यानी हमारी सम्पूर्ण जीवन पद्धति, जीवनचर्या, जीवन दर्शन आडम्बरविहीन सभ्यता के विकास को गति देने वाले बने। शिक्षण का माध्यम मातृभाषा बने और अपनी जड़ों से जुड़कर ही हम आगे का सफर तय करें। यह भी देखा गया है कि जब-जब सृजनात्मक व्यक्तित्वों द्वारा प्रचलित मान्यताओं, संस्कारों और जीवन पद्धति को बिना तोड़-फोड़ के बदलने की कोशिशें की गईं, तो जो चुनौतियाँ सामने आईं वे भिन्न प्रकार की थीं। ऐसे में रचनात्मक लेखन

और बौद्धिक वर्ग को अपने समाज की सामर्थ्य बढ़ाने के संस्कार विकसित करने होंगे। हमें ऐसे विचारवान, बौद्धिक एवं सृजनात्मक व्यक्तित्वों की परम्परा विकसित करनी होगी जो निरन्तर अपने आत्मभ्रमों से मुक्त होकर आत्मानुशासन के माध्यम से अपनी भूमि पर चिन्तन के बीज वपन करे। यह अपनी भूमि या जड़ें ही हमारे आत्म का आधार हैं। यही हमारे चिन्तन का स्वराज है।

इतिहास साक्षी है कि पहले हम मध्ययुगीन धुँधलके की गिरफ्त में थे और आज आधुनिकता की गिरफ्त में हैं। एक बात का सदैव स्मरण रखना है कि जीवन किसी फार्मूले से हल होने वाली पहेली नहीं है। इसलिए हमें अपने बने-बनाए साँचों से निकलकर मौलिकता के राजमार्ग से जीवन विकास की प्रक्रिया को गति देनी है। हालाँकि यह यात्रा बेहद कठिन मालूम होती है, पर हमारे ही समय के महापुरुषों ने इस पर चलकर बड़ा जीवन जीया है। अगर हमें बड़ा जीवन जीना है, तो उद्यम भी बड़े ही करने होंगे।

विवेक : इतिहासबोध और साहित्य

जिज्ञासा हमारी अब तक की यात्रा का मूल है। जब से मानव ने जिज्ञासा का दामन थामा है, तब से वह जानकार माना जाने लगा। जैसे-जैसे उसकी जानकारी बढ़ी, समझ का विकास हुआ। समझ से फिर वह ज्ञान की ओर बढ़ा और ज्ञान से उसने विवेक को पाया। यह प्रक्रिया बहुत ही लम्बी, धीमी और निरन्तर चलने वाली रही। जीवन आज भी तलाश में है। खोज उसका मुख्य ध्येय है। पगडंडी पर चलता मनुष्य रोज नए-नए रास्ते भी खोजता है और अपने अनुभव भी साझा करता रहता है। हम कह सकते हैं कि इसी यात्रा पर चलते सूचना, समझ, ज्ञान और विवेक मनुष्यता की गुणवत्ता के पैमाने बन गए हैं। यह भी सर्वविदित है कि इसमें विवेक सर्वोपरि है और सूचना अन्तिम पायदान पर। त्रासदी यह हुई कि हमने विज्ञान के प्रभाव से ज्ञान को अधिक महत्त्व दिया। नॉलेज इज पॉवर का नारा भी आया। पर आज केन्द्र में विवेक की बजाय ज्ञान है। ऐसा क्यों हुआ कि व्यवस्था (जो किसी भी रूप में हो सकती है) ने ज्ञान को अधिक महत्त्व दिया? और विवेक को दोयम दर्जे की नागरिकता दी। क्या इसमें विवेक की वयस्कता, प्रौढ़ता अनुभव सम्पन्नता हमारे आड़े आ रही थी? या फिर यह किसी राजनीति की छुपी हुई रणनीति का हिस्सा था। स्पष्ट है कि ज्ञान और विवेक दोनों की संरचना में कुछ फर्क है। अपनी-अपनी संरचना के कारण इन दोनों के प्रयोग में एक पेच है। ज्ञान और सूचना दोनों ही को नियंत्रित, प्रभावित कर निर्धारित तरीके से इस्तेमाल किया जा सकता है। लेकिन विवेक पर यह नियम लागू नहीं होता है। इसलिए ज्ञान और सूचना राज्य के हक में भी है, विवेक नहीं।

इसलिए सूचना क्रान्ति के इस महाविस्फोट की घटना के चलते ऊपर हमने जिस क्रम में सूचना को सबसे निचले पायदान पर माना था, वह हमारे आज के

आस-पास के जीवन में सर्वोच्च स्थान पर है। क्योंकि विवेक से सम्पन्न होने पर व्यक्ति बुद्धिजीवी नहीं, पूर्णत: बौद्धिक होगा। जाहिर है, जो बौद्धिक होगा, वह पूर्ण स्वंतत्रता का हिमायती भी होगा। वह किसी थोपे गए को स्वीकार नहीं करेगा। वह विवेक ही है, जो व्यक्ति को नीर-क्षीर की पहचान देता है। विवेक जनित श्रद्धा-विश्वास और अनुशासन ऊपर से नहीं अन्दर से पैदा होंगे। उन्हें किसी बाह्य हस्तक्षेप की आवश्यकता नहीं रहेगी। विवेक का सीधा सम्बन्ध आत्म से है। विवेक के दूषित होने से आत्म भी विचलित होता है। अगर आत्म-चेतना है, तो व्यक्ति आत्म अनुभव को अधिक महत्त्व देता है। विवेक का यही आचरण हमारी सत्ताओं, चाहे वे धार्मिक, राजनीतिक या आर्थिक आदि कोई भी हों, को रास नहीं आता।

प्रश्न उठता है कि विवेकशील होने के लिए क्या किया जाए? दो चीजें महत्त्वपूर्ण हैं जो हमारे विवेक की वयस्कता में महत्त्वपूर्ण साबित हो सकती हैं। इतिहासबोध और साहित्य। विचारक बार-बार चेता रहे हैं कि हमें अतीतग्रस्तता से बचना है और अतीतबोध विकसित करना है। क्या कभी हमने विचार किया कि अतीतबोध हमारे विवेक सम्पन्न होने में हमारी जबरदस्त मदद कर सकता है। यह विचार हम इसलिए नहीं कर पाते क्योंकि हमने इतिहास और अतीत को एक ही मान लिया है और यह भूल भी कर बैठे हैं कि इतिहास का विषय अतीत है और परिप्रेक्ष्य वर्तमान। अतीत यानी समग्र और इतिहास यानी समग्र का व्यवस्थित, अभिलेखित और निश्चित हिस्सा।

प्रसिद्ध इतिहासकार सिसरो ने इतिहास को जीवन का शिक्षक माना है। नेपोलियन ने कहा था कि इतिहास विवेक है। क्रोचे ने माना कि इतिहास समकालीन होता है। एक इतिहासकार, योद्धा और एक विचारक द्वारा जब यह कहा गया, तब भी हमारा पर्याप्त ध्यान इस तरफ नहीं गया।

इस तरफ हमारा ध्यान न जाने का कारण भी स्पष्ट है क्योंकि हमने कभी यह समझने की ही कोशिश नहीं कि इतिहास केवल घटनाओं का पुलिन्दा भर नहीं है। आजकल इतिहास के नाम पर जो स्कूल-कॉलेजों में पढ़ाया जा रहा है वह विवरण और विशिष्ट दृष्टि से चयनित सूचनाओं का संग्रह भर है। हम भूल गए हैं कि सूचनाओं का संग्रह हमें प्रज्ञावान बनाने में मददगार साबित नहीं होगा। बेकन ने कहा था कि इतिहास मनुष्यों को बुद्धिमान बनाता है। याद रहे इतिहास वास्तव में मनुष्य के अनन्त विचारों का भी इतिहास है। पर हमने तो इसे मृतकों का विषय मानकर अपने द्वार बन्द कर लिये हैं। गौर करेंगे तो पाएँगे कि इतिहास का विषय जीवन है,

भृत्य नहीं। हमसे यह विस्मृत होता जा रहा है कि इतिहास हमारे अस्तित्व की पहचान का विषय है। मनुष्य का जन्म, जययात्रा और अन्त सब कुछ तो इतिहास के साथ जुड़ा है। इसलिए इतिहासबोध हमारे विवेक के विकास का सबसे बड़ा स्रोत है।

विवेक सम्पन्नता के लिए दूसरा सबसे प्रमुख और संवेदनशील माध्यम है साहित्य। पारदर्शिता केवल विज्ञान का नहीं जीवनशास्त्र का भी महत्त्वपूर्ण पद है। पारदर्शिता यानी अस्तित्व के विविध आयामों का पुंजीभूत सौन्दर्य। हर श्रेष्ठ रचनाकार हमें अस्तित्व के विविध आयामों के साथ जोड़ता है। अस्तित्व के विविध आयामों के ऊपरी तौर पर दिखने वाले भेदों को अभेद में बदल देता है। इसलिए किसी भी भाषा का क्लैसिक कहा जाने वाला साहित्य हमें बोध के सर्वोच्च स्तर में ले जाता है, जहाँ कोई मनोमालिन्य, दुर्भाव, घृणा, द्वेष आदि नहीं रहते। सिर्फ एकत्व की अनुभूति होती है। परिष्कृत संवेदनशीलता समस्त जीवन के साथ हमारा जीवन इस प्रकार जुड़ जाता है कि जैसे कभी अलग हुआ ही नहीं है। विवेक में पूर्व निर्धारण के लिए कोई जगह नहीं है। विवेक स्वअर्जित, स्वचालित, स्वशासित होता है। यह जो स्व है वही साहित्य से संस्कारित होकर हमें अपनी राह पर आगे बढ़ने की शक्ति, दृष्टि और बोध देता है। मुंडकोपनिषद् में कहा गया है कि क्रियावान : एष ब्रह्मविदा वरिष्ठ : यानी आत्मवेत्ताओं में भी क्रियावान आत्मवेत्ता श्रेष्ठ होता है। क्योंकि रचनाकार भी एक प्रकार से क्रियावान आत्मवेत्ता है। अत: वह अपनी मेधा के बल पर द्रष्टा रूप में अस्तित्व में आए विचलनों का पर्यवेक्षण करता है। अगर यही कार्य वह भोक्ता भाव से करता है, तो जो अनुभव आएगा, वह ग्राह्य नहीं होगा। क्योंकि भोक्ता का अर्थ हुआ आप पदार्थ के साथ या उससे जुड़े हैं। यह उस क्रियावान, अनुभव सम्पन्न रचनाकार की मेधा, जिसमें उसकी निर्मलता और करुणाबोध समन्वित होता है, का जादू होता है कि हम पात्रों के जरिये अस्तित्व के साथ एक होकर उसके सभी आयामों को इस प्रकार से देख लेते हैं जैसे आज एम.आर.आई. में समूचे शरीर तंत्र को।

यहाँ यह भी विचारणीय है कि श्रेष्ठ रचनाकार या कहें साहित्य की दृष्टि सदैव शाश्वत या कहें कालोन्मुख रहती है, क्योंकि इसके अभाव में वह आने वाले जीवन के साथ सम्बन्ध स्थापित करने में सफल नहीं हो सकता। ऐसा साहित्य ही सच्चे अर्थों में हमें और हमारे विवेक को पुष्ट करनेवाला होता है। इन्हीं अर्थों में हमारी काव्य परम्परा में कवि को मनीषी कहा गया है, क्योंकि वह अपने मन का मालिक है। यानी आत्मस्थ है। उसका अन्तरतम विश्व प्रेम से ही नहीं ब्रह्मांड प्रेम

से भरा-पूरा है। कोई पूछ सकता है कि आत्मस्थ होना कैसे सम्भव है? तो इसके उत्तर में कहा जा सकता है कि जब कोई व्यक्ति अपने विचार प्रवाह यानी मन पर अपना अधिकार कर लेता है, यानी अपने अन्तर में उठते राग-द्वेषों से परे जाकर अपनी इन्द्रियों पर विजय प्राप्त कर लेता है, तो वह शुद्ध आत्म में परिणत हो जाता है। इसलिए हमारी परम्परा में कवि को मनीषी कहा गया है। ऐसे पारदर्शी, मनीषियों द्वारा लिखा गया साहित्य कालजयी तो होता ही है, साथ ही मनुष्य के विवेक की वयस्कता को अधिक परिवर्धित, परिष्कृत और पारदर्शी बनाता है जिसके चलते उसके और अधिक आत्मवान होने की सम्भावना साकार हो उठती है।

आज की इस अवस्था में इस तरह के इतिहासबोध और साहित्य की महती आवश्यकता है। हम भूल कर रहे हैं, जो आज है वही बीता हुआ कल होगा, वही आने वाला कल भी। इसलिए महत्त्व आज का है, वर्तमान का है।

आयोजन का मर्म

आयोजन और मानव जीवन का साथ सदैव से ही रहा है। आयोजन जीवन के आकार का व्याकरण तय करते हैं। आयोजनों का महत्त्व इस अर्थ में भी है कि वे संस्कृति के चिर सहयात्री हैं। आदिकाल से लेकर अब तक और जन्म से लेकर मृत्यु तक जीवन का कोई भी कोना ऐसा न होगा, जहाँ जीवन ने अपने आकार का व्याकरण तय करने में आयोजन का सहारा नहीं लिया हो। हाँ, यह अवश्य ही हो सकता है कि वे लोकधर्मी रहे हों अथवा शास्त्रीय रूप में। लेकिन इनकी उपस्थिति ने जीवन के स्थापत्य को समृद्ध किया है। आयोजनधर्मिता का गुण जहाँ एक ओर किसी भी मानव समूह को गतिशील, सक्रिय और संजीदा बनाता है, वहीं दूसरी ओर इस गुण से मानव के नैसर्गिक विकास को भी गति मिलती है। आयोजन अपनी प्रक्रिया में उदारता, नेतृत्व, विनयशीलता और सजगता का विकास करते हैं।

इस अर्थ में आयोजन किसी स्वस्थ समाज की अक्षय ऊर्जा के स्रोत भी हैं। क्योंकि आयोजनों के अभाव में जहाँ समाज की सामूहिक ऊर्जा का रूपान्तरण नहीं हो पाता, वहीं व्यक्ति को व्यक्तित्व विकास के अवसर भी कम उपलब्ध होते हैं। परिणामस्वरूप व्यक्ति मनुष्य मानव में विकसित नहीं हो पाता। आयोजन इस रूप में भी महत्त्वपूर्ण है कि वे देश, काल, वातावरण, विषम परिस्थितियों एवं प्राकृतिक आपदाओं के बरअक्स मनुष्य में व्याप्त अनन्त ऊर्जा के अक्षय स्रोत से उसे जोड़ते भी हैं। जो आत्मविश्वास के रूप में उसके व्यक्तित्व में सामने आता है। यही आत्मविश्वास उसे समाज में व्याप्त नाना प्रकार की विसंगतियों, विद्रूपताओं और विकारों के विरुद्ध प्रतिरोध का स्वर मजबूत करने की ताकत देता है। आयोजनों के जरिये समाज में संस्कार हस्तान्तरण की प्रक्रिया भी निरन्तर चलती रहती है। अपने इस रूप में आयोजन संस्कारों की पाठशाला भी साबित होते हैं।

सम्पूर्ण ब्रह्मांड एक लय में लीन है। जीवन के विविध आयाम अपनी बाह्य और आन्तरिक ऊर्जा के माध्यम से उस लय में अपनी लय मिलाना चाहते हैं। जीवन का विविधवर्णी संसार अपनी समग्रता में उस लय का हिस्सा होने की अविराम कोशिश करता है। आयोजन समाज की लय, गति को और गतिमान बनाते हैं ताकि जीवन की लय उस महालय के साथ एकाकार हो सके। इस अवस्था में कोई आयोजन केवल आयोजन भर नहीं रह जाता वरन वह अनुष्ठान में बदल जाता है। अत: किसी भी सभ्य समाज के लिए उसके आयोजन आभूषण होते हैं। आयोजन जीवन की गति के साथ सौन्दर्य का विस्तार भी करते हैं। आयोजनों की विविधता संस्कृति की मौलिक अभिव्यक्ति है। दुर्भाग्य से हमारे समय में आयोजनों का स्वरूप संस्कृति की जड़ों से काटता जा रहा है। उसका मूल प्रेरक स्वर लुप्त होता जा रहा है। आयोजन को आनुष्ठानिक भावना से सम्पन्न करने की परम्परा मन्द पड़ती जा रही है। सभी प्रकार के आयोजन बस एक कोरम को पूरा करने की प्रविधि का रूप बनकर रह गए हैं। इससे संस्कृति का आत्म क्षत-विक्षत है। संवेदनशील समाज हतप्रभ। "कहाँ जाय का करी" का मुहावरा चरितार्थ हो रहा है।

इस विकट होते जा रहे समय में आयोजन की आनुष्ठानिकता एक ऐसा विचारणीय प्रश्न है जिस पर समाज के विभिन्न पक्षों को एकजुट होकर गम्भीर चिन्तन करना है। क्योंकि इतिहास के तथ्यात्मक ज्ञान के अभाव में हम संस्कृति की समन्वयशीलता को कलुषित करने की राह पर हैं। हमें विचारना होगा कि हम किस राह पर हैं। हमें किस राह पर जाना है। हमें समन्वय की संस्कृति का विकास करने के लिए आयोजनों की भूमिका को स्वीकार कर, उसके माध्यम से स्वच्छ एवं स्वस्थ समाज के निर्माण की दिशा में आगे बढ़ना होगा।

यह भी ध्यान में रखना होगा कि आयोजनों का चरित्र व प्रक्रिया परम्परा से जुड़े हों। आयोजनों की निरन्तरता, आयोजनों की निरन्तरता नहीं वरन परम्परा का सातत्य है। इसे इस रूप में देखा, समझा और परखा जाना भी अधिक न्यायसंगत होगा। जिस समाज में जितने तरह के आयोजन और उत्सव होंगे, उस समाज की प्रगति का पथ उतना ही प्रशस्त होगा, बशर्ते समाज अपनी जड़ों से कटे नहीं, परम्पराओं से हटे नहीं और मौलिक अभिवृत्ति के साथ डटा रहे। अपने विविधवर्णी आयोजनों की शृंखला से ही एक सभ्य समाज अपने चरित्र में ज्ञान-अनुष्ठानों की एक्यता का वह सूत्र प्राप्त करता है जिसे पाने की लालसा व्यक्ति को सदैव जिज्ञासु बनाए रखती है। यही आयोजन का मर्म है।

आयोजन का रूप प्रबन्ध इस पर निर्भर करता है। प्रबन्ध की निपुणता या प्रबन्धकीय लाघव ही आयोजन को उत्कृष्ट या निम्न स्तर का बनाता है। अत: जब कोई संस्था या समूह अनुष्ठान की भावना से भरकर आयोजन करता है, तो उसी से उसकी गुणवत्ता पर असर पड़ता है। आयोजन परम्परा का परिष्कार तो करते ही हैं, साथ ही नई सोच, दिशा और विचारों का संरक्षण भी करते हैं। आयोजन अपनी संरचना में सम्प्रेषण का चैनल भी विकसित करते हैं। इनके चलते समाज के विभिन्न वर्गों तक रचनात्मकता का विस्तार व प्रभाव पहुँचता है। यही प्रभाव व विस्तार समाज को संस्कारित करता है। आयोजनों के आयोजन से उपजा उल्लास मानवीय मूल्यों एवं गुणों को पोषित करता है। जिससे मानवता को विकसित होने के सुअवसर मिलते हैं और संस्कृति के विकास को दिशा और गति मिलती है।

ग्रन्थमालाएँ और साहित्य

ग्रन्थमालाएँ साहित्य इतिहास की वे जड़ें हैं जिनसे साहित्य का जंगल अपनी वैविध्यता, सुवास और रसमयता को बरकरार रखते हुए हरा-भरा रहता है। हिन्दी साहित्य के विकास में ग्रन्थमालाओं की भूमिका अहम् है। हालाँकि इस विषय पर पर्याप्त चिन्तन, मनन और अनुसन्धान की भरी-पूरी आवश्यकता है। अब तक ऐसा कोई व्यवस्थित शोध या अध्ययन अभी हमारे सामने नहीं आ पाया है कि जो साहित्य के विकास में ग्रन्थमालाओं की महती भूमिका को भली प्रकार से विश्लेषित कर सके।

ग्रन्थमालाएँ पाठक के विकास में महत्त्वपूर्ण भूमिका निभाती हैं। क्योंकि वे पाठक की पठनवृत्ति में नियमितता को प्रक्षेपित करती है। पाठकीय चरित्र के निर्धारण में उसकी भूमिका अहम होती है। ग्रन्थमालाओं के साथ पाठक एक पारिवारिक रिश्ता-सा महसूस करता है। हालाँकि खतरा यह भी है कि ग्रन्थमालाओं के पठन से पाठकों में फार्मूलाबद्ध पठनवृत्ति विकसित हो सकती है, पर ऐसा पाठकीय विवेक की जागरूकता के अभाव से ही सम्भव है। ग्रन्थमालाएँ पाठक की क्षमता, उत्सुकता को तो बढ़ाती ही हैं, साथ ही उसे अध्ययन और बौद्धिक विकास हेतु भी प्रेरित करती हैं। ग्रन्थमालाएँ सृजनात्मक ज्ञान का व्यवस्थित रूप होने के कारण पाठक के लिए एक ऐसी लयबद्धता रचती हैं जिसके सहारे पाठक अपने ज्ञानात्मक एवं सृजनात्मक विकास की दिशा में आसानी से आगे बढ़ सकता है। ग्रन्थमालाएँ किसी एक विषय से सम्बन्धित भी हो सकती हैं और अनेक विषयों के आयामों से जुड़ी भी हो सकती हैं। हिन्दी के शीर्ष प्रकाशकों ने भी कई महत्त्वपूर्ण ग्रन्थमालाएँ प्रकाशित कर हमारे समय के विशिष्ट सृजन को हमारे सामने रखा है।

ग्रन्थमालाएँ वे ज्ञान झरोखा हैं जिनसे मनुष्य अपनी बौद्धिक आकुलता और जिज्ञासा को शान्त करते हुए सम्पर्क ज्ञान के पथ पर आगे बढ़ सकता है। विषय

विधाओं पर एकाग्र होने के कारण पाठक को एक आत्मिक शान्ति का अहसास होता है। ग्रन्थमालाएँ किसी संस्थान, प्रकाशक या लेखक की नहीं वरन सामाजिक सम्पत्ति होती है। जिस पर समाज के सभी वर्गों का समानाधिकार होता है।

ग्रन्थमालाएँ यहाँ हमारे विद्यमान ज्ञान को व्यापक बनाती है वहीं हमें एक असीम अनुभव संसार से भी जोड़ती है। जहाँ हम अपने अनुभवों को विभिन्न कसौटियों पर कसते हुए परख सकें। अच्छी ग्रन्थमालाएँ सन्तुलित आहार की तरह होती है जिनसे हम दैनन्दिन ऊर्जा पर्याप्त मात्रा में प्राप्त करते हैं। किसी भी एक ग्रन्थमाला से गुजरना अस्तित्व के विविध आयामों की यात्रा का अनुभव है। इन अर्थों में ग्रन्थमालाएँ अस्तित्व का पुनर्पाठ है जिनसे मनुष्य अपने आस-पास के वातावरण, परिवेश और अपनी बौद्धिक सामर्थ्य से रागात्मक रिश्ता बढ़ाता है।

यहाँ हम ग्रन्थमालाओं के क्रमिक ऐतिहासिक विकास के विवेचन में न जाकर वर्तमान परिदृश्य की दो विशिष्ट ग्रन्थमालाओं पर ही केन्द्रित रहेंगे। एक रजा फाउंडेशन की ओर से प्रकाशित रजा ग्रन्थमाला और दूसरी प्राकृत भारती अकादमी की अहिंसा-शान्ति ग्रन्थमाला। दोनों ही ग्रन्थमालाओं का अपना-अपना महत्त्व है। जहाँ रजा ग्रन्थमाला में लगभग 150 से ऊपर पुस्तकें हमारे सामने मुद्रित-पुनर्मुद्रित, अनूदित हो चुकी हैं, वहीं अहिंसा-शान्ति ग्रन्थमाला में अहिंसा-शान्ति के विविध आयामों के साथ विशिष्ट विषयों को स्पर्श करती पाँच मौलिक एवं तीन अनूदित पुस्तकें अब तक हमारे सामने आई हैं। जाहिर है कि रजा फाउंडेशन की ग्रन्थमाला के चयन में विधा, विषय और विचार की वैविध्यता हैं, वहीं अहिंसा-शान्ति-ग्रन्थमाला में अहिंसा-शान्ति का विचार केन्द्र में है। इस ग्रन्थमाला में अब तक इस विषय के महत्त्वपूर्ण एवं अविचारित पक्षों पर हिन्दी में पर्याप्त सामग्री पहली बार उपलब्ध हुई है।

ऊपर हमने जिन दो ग्रन्थमालाओं का जिक्र किया, उनकी संरचना, स्वरूप और उद्देश्य में पर्याप्त अन्तर होते हुए भी एक आधारभूत साम्यता यह है कि दोनों ही इस विचलित करने वाले समय में समाज और संस्कृति के परिसर के ज्ञानात्मक विकास के साथ बौद्धिक संस्कार के प्रति सजग और संवेदनशील हैं। दोनों ही ग्रन्थमालाओं का लक्ष्य पाठक के पाठकीय विवेक की यात्रा को गति और दिशा देना है। दोनों ही अपने संसाधनों, क्रियान्वयन और व्यवहार में पर्याप्त अन्तर को लिये हुए हैं, पर उद्देश्य व पथ एक ही है। इसलिए इनकी परस्पर तुलना करना न्यायसंगत नहीं जान पड़ता। अपने विचार, दर्शन और सरोकारों की दृष्टि से दोनों ही ग्रन्थमालाएँ हमारे समय की ज्ञान राजनीति के अनन्त आकाश में तबीयत से

उछाले गए उस पत्थर की तरह हैं, जो आकाश में सूराख करने की अपनी क्षमता के स्वाभिमान से युक्त हैं।

क्योंकि रजा ग्रन्थमाला के ग्रन्थों की संख्या अधिक है। अत: सभी प्रकाशित ग्रन्थों का यहाँ उल्लेख करना सम्भव नहीं है, पर प्राकृत भारती अकादमी की अहिंसा-शान्ति ग्रन्थमाला की संख्या कम होने के कारण यहाँ हम उसके अन्तर्गत प्रकाशित ग्रन्थों की परिचयात्मक चर्चा करना उचित समझते हैं।

सामान्यत: राजस्थान को भक्ति और शक्ति के आलोक में देखा और जाना जाता रहा है। पर प्राकृत भारती अकादमी की इस पहल के कारण आने वाले समय में राजस्थान को, इस घोर हिंसक होते जा रहे समय में अहिंसक समाज की राह पर बढ़ने वाले अग्रणी राज्य के रूप में जाना जाएगा। यह ग्रन्थमाला राजस्थान को सामन्ती, औपनिवेशिक चरित्र और शब्दावली से मुक्त कर मानवीय एवं प्रजातांत्रिक चरित्र का संस्कार देने की एक ठोस बौद्धिक प्रक्रिया का प्रस्थान बिन्दु है।

इसके अतिरिक्त इस ग्रन्थमाला पर चर्चा करने के कई और कारण भी हैं। एक, हिन्दी में अहिंसा-शान्ति विषय पर एकाग्र इस तरह की कोई ग्रन्थमाला पहले से उपलब्ध नहीं है। हाँ, कुछ वर्ष पूर्व इसी संस्था ने अहिंसा विश्वकोश जैसी अद्‌भुत कृति हिन्दी पाठकों को अर्पित की थी। संयोग से उसी के सम्पादक नन्दकिशोर आचार्य ही इस ग्रन्थमाला के सम्पादक भी हैं। दूरारे, इस ग्रन्थमाला के माध्यम से पहली बार प्रत्यक्ष हिंसा के बजाय अप्रत्यक्ष हिंसा और संस्कृति की विश्वास प्रणाली यानी संरचनात्मक हिंसा के विविध पक्षों पर सुव्यवस्थित अध्ययन, विश्लेषण और नए पाठ हमारे सामने आए हैं।

तीसरे, अहिंसा-शान्ति आज के कोविड-19 संसार में हमारी सर्वोच्च प्राथमिकता हैं। क्योंकि जब तक हम अपनी संस्कृति की संरचना में व्याप्त हिंसा की पहचान नहीं कर पाएँगे, तब तक वायरस से लेकर नक्सलवाद या अन्य हिंसक आन्दोलनों की जड़ तक जाने में अक्षम ही रहेंगे।

चौथे, यह ग्रन्थमाला हमारे समय के यक्ष प्रश्न हिंसा की पृष्ठभूमि में जाकर, उसके गर्भ में विकसित हो रहे कारणों की पड़ताल कर, उनके नवीन उपाय और रास्ते हमें सुझाती है। ग्रन्थमाला के प्रकाशकीय में कहा भी गया है कि अहिंसा-शान्ति ग्रन्थमाला का प्रयोजन हिंसा और अहिंसा शान्ति के विविध सूक्ष्म रूपों और उनकी पृष्ठभूमि में सक्रिय मनोवैज्ञानिक-सांस्कृतिक आधारों को समझने और अहिंसा के इन रूपों से उबरने के उपायों और विकल्पों से सम्बन्धित पुस्तकों का प्रस्तुतीकरण

है। क्योंकि इन रूपों-आधारों की सम्यक् समझ के बिना अहिंसा-विमर्श के वातावरण और अहिंसक समाज का विकास सम्भव नहीं।

पाँचवें, इस ग्रन्थमाला के कारण कुछ अति महत्त्वपूर्ण विषयों के ग्रन्थ हिन्दी पाठक समुदाय के सामने, हिन्दी के स्वाभिमान की रक्षा करने के भाव को लिये हैं।

इस ग्रन्थमाला में अब तक आठ पुस्तकें हमारे सामने आई हैं। जिसमें महान दर्शनशास्त्री अन्ना हारेंट के विचार-विश्व से गुजरते हुए हम हिंसा के उत्खनन के साथ-साथ सांस्कृतिक हिंसा के रूप, संघर्ष-समाधान, अराज्यवाद अहिंसक व्यवस्था की तलाश, भारतीय स्त्रियों के अहिंसक प्रतिरोध की यात्रा से तो गुजरते ही हैं, साथ ही अनुवाद के माध्यम से सुनील सहस्त्रबुद्धे के बौद्धिक सत्याग्रह, आधुनिक विज्ञान को गांधी की चुनौती, पीटर सिंगर की अद्‌भुत पुस्तक जीवन जो आप बचा सकते हैं, इमैनुल कांट की शाश्वत शान्ति की अनूठी यात्रा भी हमारे पाठकीय विवेक का परिष्कार करती है।

इस ग्रन्थमाला की एक अहम् उपलब्धि है 'द लाइफ ऑफ माइंड' जैसी अद्‌भुत कृति के सारतत्त्व का हिन्दी समुदाय के सम्मुख अत्यन्त सहज एवं सम्प्रेषणीय प्रस्तुतीकरण। हारेंट हमारे समय के उन गिने-चुने दर्शन अध्येताओं में हैं जिन्होंने मानव मन की अतल गहराइयों में पल रही हिंसा की जड़ों को पहचानने की प्रामाणिक कोशिश की है।

पुस्तक 'हिंसा का उत्खनन' के विद्वान लेखक अम्बिकादत्त शर्मा और विश्वनाथ मिश्र ने न केवल हारेंट के दर्शन की तत्त्व मीमांसा को ही हमारे सामने रखा है, बल्कि भारतीय ज्ञान मीमांसा के साथ गांधी दृष्टि और विचार के परिप्रेक्ष्य में समझने-समझाने की शानदार पहल की है। इस पुस्तक से गुजरना एक साथ कई ज्ञान अनुशासनों की यात्रा के साथ अस्तित्व की प्रकृति से परिचित होने की यात्रा से भी गुजरना है।

अहिंसक राज्य की तलाश हमारे समय का एक बड़ा स्वप्न है। इस स्वप्न को साकार करने के लिए पहले उसके इतिहास, पृष्ठभूमि और विचार से परिचित होना परम आवश्यक है। इस ग्रन्थमाला की पुस्तक 'अराज्यवाद : अहिंसक व्यवस्था की तलाश' के लेखक सत्यम कुमार सिंह हैं। उनका कहना है कि अराजकतावाद की ध्वनि निन्दात्मक है। अत: उन्होंने श्री नन्दकिशोर आचार्य के सुझाए शब्द अराज्यवाद को एनार्किज्म का सही अनुवाद मानते हुए उसी का प्रयोग इस अध्ययन में किया है। अपने अध्ययन में वे अराज्यवाद का परिचय देते हुए, उसके स्वरूप पर विचार करते हैं और विषय के विशिष्ट विचारकों के व्यवस्थित विचारों को हमारे सामने

रखते हुए नव-अराज्यवाद की व्याख्या करते हुए अन्ततः गांधी के स्वराज प्रत्यय से सहमत होते हैं।

इसी क्रम में मिथिलेश की पुस्तक 'संघर्ष-समाधान' जीवन के दो महत्त्वपूर्ण पक्षों की व्याख्या करती है। पुस्तक संघर्ष के कारणों और उनकी पहचान के साथ समाधान के सैद्धान्तिक रूप को सुचिन्तित अध्ययन के रूप में हमारे सामने रखती है। हिन्दी में इस तरह के विषयों पर पर्याप्त चिन्तन की आवश्यकता की कमी को पूरा करती यह पुस्तक अपने कलेवर में समाधान के व्यावहारिक पक्ष पर भी सार्थक विचारों को साझा करती है।

सुप्रिया की पुस्तक 'भारतीय स्त्रियों का अहिंसक प्रतिरोध' इस दृष्टि से महत्त्वपूर्ण है क्योंकि अपनी संरचना में उनका यह अध्ययन स्त्री आन्दोलनों और अहिंसा के परस्पर रिश्ते की पड़ताल ही नहीं करता वरन उसके इतिहास से हमारा परिचय बढ़ाते हुए भारतीय नारीवादी आन्दोलनों की अहिंसक प्रवृत्ति की ओर भी हमारा ध्यान आकृष्ट करता है। उनकी यह स्थापना मौलिक है कि भारतीय स्त्री आन्दोलनों का अपना विशेष चरित्र है और उस विशिष्टता के गठन में गांधी की प्रेरणा और प्रभाव काम कर रहे हैं।

इस ग्रन्थमाला की अत्यन्त महत्त्वपूर्ण एवं विचारोत्तेजक पुस्तक राजाराग भादू कृत 'सांस्कृतिक हिंसा के रूप' भी है। इस ग्रन्थमाला के तीन अनुवाद भी विशेष रूप से उल्लेखनीय हैं। सुनील सहस्त्रबुद्धे की पुस्तक 'बौद्धिक सत्याग्रह : आधुनिक विज्ञान को गांधी की चुनौती' एक विचारोत्तेजक कृति है। बौद्धिक सत्याग्रह पर इतना व्यवस्थित चिन्तन हिन्दी पाठकों के साथ अध्येताओं के लिए प्रेरक है। यह पुस्तक विजेता विज्ञान के कारण जीवन परिसर में उत्पन्न हुए गरीबी, बेरोजगारी और अशिक्षा के लिए गांधी के स्वराज को ही उपयुक्त मानती है और बहुत ही ठोस एवं प्रामाणिक तर्कों से यह स्थापित करती है कि आधुनिक विज्ञान किसी भी मनुष्योचित कार्य में कैसे एक बड़ी बाधा है।

शान्ति अध्ययन इस समय अकादेमिक संसार और ज्ञान राजनीति के केन्द्र में है, क्योंकि इस तरह के अध्ययन ही हमें अपनी सीमाओं और सम्भावनाओं को एक साथ दिखा सकते हैं। 'शाश्वत शान्ति' इमैनुअल कांट की विश्व प्रसिद्ध कृति 'परपेचुअल पीस : ए फिलॉसॉफिकल स्केच' का संजय कुमार शुक्ल द्वारा किया गया भावानुवाद है। युद्ध और शाश्वत शान्ति पर अपनी तरह का व्यवस्थित अध्ययन है। यह कृति शाश्वत शान्ति को एक आदर्श एवं मूर्त विचार मानती है।

‘द लाइफ यू कैन सेव’ का हिन्दी अनुवाद नन्दकिशोर आचार्य ने ‘जीवन जो आप बचा सकते हैं’ शीर्षक से किया है। यह पुस्तक जीवन से छिटकते जीवन के महत्त्व और मूल्यवान होने के ठोस तार्किक आधारों, उदाहरणों से भरी है, साथ ही मनुष्य को मानवीय गरिमा से विभूषित किए जाने की अनेक राहों का, राहों में आ रही बाधाओं का और उससे भी ऊपर हमारे द्वंद्वों, समस्याओं की राह सुझाती है। पुस्तक हमारे अस्थिर चिन्तन को स्थिर कर दिशाबोध देने का काम करती है। सिंगर का सम्पूर्ण जीवन गरीबी उन्मूलन के लिए समर्पित है। अस्तु, ये आठ पुस्तकें हमें हिंसा के विविध आयामों से न केवल हमारा परिचय बढ़ाती हैं, बल्कि उसकी गिरफ्त से निकलकर अहिंसक विश्व समाज व्यवस्था के पथ पर पथारूढ़ होने के हमारे संकल्पों को गति और मति भी देती है।

ग्रन्थमाला के विषय मौलिक, अन्वेषीवृत्ति सम्पन्न हैं। विश्लेषण में प्रामाणिकता इन अध्ययनों का प्राणतत्त्व है। हमारे जाने-पहचाने संसार के अछूते विषयों और अस्पर्शी बिन्दुओं को स्पर्श कर, नए ज्ञान विश्व के साथ जोड़ने की कवायद इसमें स्पष्ट रूप से झलकती है। इन्हीं अर्थों में यह ग्रन्थमाला हिन्दी के स्वाभिमान को बढ़ाने वाली और हिन्दी में साहित्येतर अध्ययनों के अतिरिक्त ज्ञान राजनीति और अकादमिक्स के जटिल विषयों को सरल, सहज, बोधगम्य भाषा में हमारे सामने रखती है। हिन्दी को ज्ञान की भाषा बनाने के क्रम में ग्रन्थमाला के सम्पादक नन्दकिशोर आचार्य का यह अवदान विशेष रूप से उल्लेखनीय है।

दूसरा खंड

उत्कर्ष

स्वामी विवेकानन्द : अभेद की संस्कृति

मुझे खुशी है कि मैंने जन्म लिया था, मुझे खुशी है कि मुझे कष्ट हुआ, खुशी है कि मैंने बड़ी गलतियाँ कीं, खुशी है कि शान्ति मिली। मैंने किसी को बन्धन में नहीं बाँधा, मैं भी किसी से बँधा नहीं हूँ। चाहे यह शरीर धराशायी होगा और मुझे मुक्ति मिलेगी या मैं शरीर के अन्दर की स्वतंत्रता में प्रवेश करूँगा, बुजुर्ग व्यक्ति जा चुके हैं, हमेशा के लिए जा चुके हैं, अब वह कभी वापस नहीं आएँगे! मार्गदर्शक, गुरु, नेता, शिक्षक की मौत हो चुकी है...अब वह लुप्त हो रहे हैं, और मैं दूर जा रहा हूँ। मैं आ रहा हूँ! माँ मैं आ रहा हूँ! तेरी मनोरम छाती में, तू जहाँ कहीं भी विचरण कर रही है, मुझे अपने पास बुला ले, नि:शब्द, विचित्र, आश्चर्यजनक जगत में ले चल, मैं तो कर्ता नहीं बस एक दर्शक रह गया हूँ—तुम्हारे पास आता हूँ।
(18 अप्रैल, 1900 में कैलिफोर्निया के अलमेडा में जोसेफ मैक्लियोड को महासमाधि से दो वर्ष पूर्व लिखे पत्र का अंश।)

विवेकानन्द यानी वर्तमान का बोध। कमियों, अतियों और विद्रूपताओं पर निर्मम प्रहार। किसी भी प्रकार की अन्धता और पाखंड के खिलाफ। पददलित भारतीयों के प्रखर अधिवक्ता। सभ्यता का उत्स संस्कृति में देखने की दृष्टि। ज्ञान का अगाध महासागर।

इसलिए उनके विचार विश्व में वेदान्त भी मिलता है, तो मार्क्स सहित अन्य प्रमुख पश्चिमी विचारक भी। इसीलिए वे अपने समय के धन्य और धिक्कार दोनों को आत्मसात् कर आगे बढ़ने वाले नायकों के भी महानायक सिद्ध हुए।

वे कोई आदर्शवादी नहीं हैं, न रूखे दार्शनिक वरन वे हमारे वर्तमान की विसंगतियों को भली-भाँति देखकर उसकी निर्मम आलोचना कर नवीन मार्ग का सन्धान करने वाले साधक हैं। उनकी प्रखर आलोचनात्मक मेधा ने समस्त द्वैतों को अद्वैत में देखा। वे सचमुच अभेद की संस्कृति के ध्वजवाहक हैं।

उन्होंने जीवनपर्यन्त पूँजीवाद का विरोध किया, अपने समय के भटके समाज

को सही दिशाबोध और राह दिखाने की ईमानदार कोशिश की। सबसे बड़ी बात यह है कि उन्होंने हमारे अन्तर्द्वंद्वों एवं विरोधाभासों को केवल सतही दृष्टि से नहीं देखा, वरन एक सच्चे बौद्धिक की भाँति समग्र दृष्टियों की सीमाओं से परे जाकर अध्यात्म की दृष्टि से देखा-परखा। यह उनके व्यक्तित्व एवं चरित्र का ही प्रभाव था कि वे अपनी सुचिन्तित, तार्किक, वैज्ञानिक और आध्यात्मिक मेधा के बल पर विश्व के समस्त मनुष्यों को दीप्त कर सके। वे अज्ञानता, कट्टरता, घृणा, ईर्ष्या, अन्याय, शोषण की जंजीरों में जकड़े भारत के मुक्तिदाता थे।

उनकी अभेद दृष्टि ने राष्ट्रीयता के लिए जाति, धर्म और भाषा की महत्त्वपूर्ण उपस्थिति को नकार दिया और माना कि किसी भी समाज की सांस्कृतिक एकता और अभिव्यक्ति ही उसका मूल है। वे स्पष्ट उद्घोषित करते हैं कि भारत के भविष्य के लिए सब धर्मों की एकता अपरिहार्य है। क्योंकि वे यह जानते थे कि भारत का स्वभाव सदैव ही उत्पीड़ित और शरणार्थियों के प्रति सहिष्णु रहा है। यह सहिष्णुता भारत का वह दुर्लभ गुण है जिनके कारण भारत अखिल विश्व में जाना-माना जाता रहा है। हमारे समय के मूर्धन्य रचनाकार निर्मल वर्मा ने स्वामी विवेकानन्द की इस बात के लिए भूरि-भूरि प्रशंसा की। उन्होंने लिखा अतीत में भारत जो भी रहा हो, लेकिन उसकी ख्याति कभी यह नहीं रही कि पराए देशों में अपने प्रसार के लिए उसने कोई जोखिम उठाए हों—न धर्मान्तरण की आकांक्षा से और न ही पराए देशों को जीतने की इच्छा से ही भारत ने कभी विश्व में अपनी उपस्थिति अंकित की। क्या यह एक विलक्षण बात नहीं है कि बिना किसी सैन्य आक्रमण या युद्ध किए एशिया के व्यापक भू-भागों पर भारतीय संस्कृति फैल सकी जिसे हम विशाल भारत की संज्ञा से जानते हैं, लेकिन स्वयं भारतीय भी अपने इतिहास की इस असामान्य घटना को शताब्दियों तक भुलाए रहे जब तक उन्हें इसका स्मरण उन्नीसवीं सदी में विवेकानन्द ने नहीं कराया।

यह अभेदत्व उन्हें अपने अद्वितीय गुरु श्री रामकृष्ण परमहंस से मिला था। जिन्होंने सभी धर्मों की दीक्षा ही नहीं ली वरन उन्हें जीकर भी दिखाया। तभी तो अपने मित्र सरफराज हुसैन को लिखे पत्र में वे यह कह पाते हैं कि जिस दिन इस्लामी देह में वेदान्ती मन होगा, वह मानवीय गरिमा का उत्कर्ष होगा।

विवेकानन्द के शोधार्थी इस तथ्य से भली-भाँति अवगत होंगे कि उनके आध्यात्मिक प्रवचनों में भी सर्वधर्म प्रार्थनाएँ गाई जाती थीं। राजस्थान में ही एक मौलवी मित्र की ओर से आयोजित विशेष सभा में उन्होंने विभिन्न भाषाओं, बोलियों

और धर्मों के महापुरुषों के प्रेरणास्पद वचन सुनाकर सबको विस्मित कर दिया था। धार्मिक समन्वय उनका मार्ग था और एक-दूसरे को समझो उनका मूल मंत्र।

समाज में धर्म की उपस्थिति का आकलन करते हुए उन्होंने स्पष्ट रूप से कहा था कि मैं धर्म और सम्प्रदाय में अन्तर मानता हूँ। धर्म समस्त प्रचलित सम्प्रदाय को यह मानकर स्वीकार करता है कि वह एक ही लक्ष्य की प्राप्ति के निमित्त एक ही प्रकार के प्रयास हैं। उनकी दृढ़ मान्यता थी कि यदि केवल एक ही धर्म सच्चा हो और शेष झूठे तो तुमको यह कहने का अधिकार होगा कि वह धर्म बीमार है। यदि एक धर्म सच्चा है तो अन्य सभी सच्चे होंगे।

वे विषम परिस्थितियों में बौद्धिक संघर्ष के साथ अध्यात्म की ओर बढ़ने में आ रही चुनौतियों पर भी एक साथ कार्य कर रहे थे, भली-भाँति जानते थे कि यूरोप और भारत की समस्याओं में अन्तर है। मद्रास में दिए अपने चर्चित उद्‌बोधन भारत का भविष्य विषय पर अपनी बात रखते हुए उन्होंने कहा था कि किसी भी दूसरे देश की अपेक्षा भारत की समस्याएँ अधिक जटिल और गुरुतर हैं। यहाँ आर्य, द्रविड़, तातार, तुर्क, मुगल और यूरोपीय हैं। मानो संसार की सभी जातियाँ इस भूमि में अपना खून मिला रही हैं। भाषा का यहाँ एक विचित्र ढंग का जमावड़ा है।

19वीं सदी में उनके जैसा सिंहनाद करने वाला प्रज्ञा पुरुष दूसरा नहीं हुआ। वे अपने विचार का एक ऐसा विस्तृत भूगोल रचते हैं जिसकी सीमाएँ तथाकथित संकीर्णताओं से मुक्त हैं। उनके अनूठे संन्यासी व्यक्तित्व का एक उज्ज्वल पक्ष यह भी है कि वे अपनी तरह के विरल विचारक हैं जो एक साथ दुनिया के विविध विचारों को पकाकर हमारे स्वस्थ होने का एक अद्‌भुत रसायन हमें देते हैं। यहाँ ध्यान रहे कि मैंने रसायन कहा है औषधि नहीं। क्योंकि औषधि तो तात्कालिक उपाय है, पर रसायन तो निरन्तर आपके साथ रहकर आपके रोगों का उन्मूलन करता रहता है।

'मेरी क्रान्तिकारी योजना' शीर्षक से दिए मद्रास के भाषण से हमें आज की परिस्थितियों में अडिग, अविचल और अनासक्त भाव से आगे बढ़ने की प्रेरणा मिलती है। वे कहते हैं कि आखिर अंग्रेजों और तुममें कितना अन्तर है? अन्तर इतना ही है कि अंग्रेज अपने ऊपर विश्वास करता है और तुम नहीं। ...हमारी आज की सबसे बड़ी जरूरत आत्म-बल, अपने में अटूट विश्वास। ...अब अपने पैरों पर खड़े हो जाओ। हमें एक ऐसे धर्म की आवश्यकता है जिससे हम मनुष्य बन सकें।

आज आवश्यकता इस बात की है कि जिस विवेकानन्द के साहित्य के बारे में रोम्यां रोलां ने कहा था कि उनकी किताबों को पढ़कर जिसे बिजली का झटका न

लगे, वह सचेतन मनुष्य नहीं। तो क्या आज का भारत निष्क्रिय है? आज के भारत के सामने एक के बाद एक अनेक समस्याएँ सुरसा की तरह मुँह फैलाए खड़ी हैं, अगर अब भी हम सुप्तावस्था में हैं, तो फिर अब हम किस विकास की राह पर आगे बढ़ रहे हैं? कब जागेंगे? कब हम विवेकानन्द की सच्ची सन्तान होने की सार्थकता सिद्ध करेंगे? क्या आज के सभी ज्वलन्त प्रश्न विवेकानन्द के सामने नहीं थे? हमें विचार करना है कि अगर आज विवेकानन्द होते, तो इन समस्याओं के साथ कैसे व किस तरह दो हाथ करते। यह सब छुपा नहीं है वरन उनके विचारों, उनकी मूल्य दृष्टि और उनके द्वारा आजीवन चले गए पथ में हमारे सामने है। तो क्या हम उनके पथ पर चलने से बच रहे हैं? या दिन-ब-दिन हमारा आत्मिक सामर्थ्य कमतर होता जा रहा है। यह तो तय है कि वे आज की स्थिति-परिस्थिति में यथास्थितवादी की तरह हाथ पर हाथ रखकर नहीं बैठते। वे अपनी सारी प्राण ऊर्जा से शंखनाद कर इन समस्याओं पर टूट पड़ते और सात्त्विक वृत्ति के साथ आगे बढ़कर समाज के अन्तिम व्यक्ति के साथ कन्धे से कन्धा मिलाकर खड़े होते। यही एक सच्चे बौद्धिक के विवेक का आनन्द है और सन्देश भी।

प्रसाद का प्रासादन

जब भी हम किसी कवि के साथ उसकी विधा का रिश्ता देखते हैं, तो यह देखना बहुत दिलचस्प और उत्तेजक होता है कि वह कवि अपनी सृजन-प्रक्रिया में विधा से रिश्ता बनाने में कितनी सार्थकता से आगे बढ़ पाया है। यह देखना तो और भी जिज्ञासापूर्ण होता है कि वह अपनी काव्य प्रक्रिया से प्राप्त बोध को विधा के निर्धारित रूप में कितने सर्जनात्मक रूप में अभिव्यक्त कर पाता है। यानी माध्यम और अनुभूति के साथ। कवि अनुभूति को किस हद तक समन्वित कर पाता है।

एक बड़े रचनाकार की खूबी यह होती है वह अपने लेखन-चिन्तन में प्रयोजन के कुछ सूत्र छोड़ता चलता है। यहाँ गह 1ी गौर किया जाना चाहिए कि हम किसी भी रचनाकार के प्रयोजन को उसकी रचना के पश्चात उसके मूल्यांकन से प्राप्त करते हैं। यह सूत्र लीनियर (एक रेखीय पढ़त) रीडिंग में तो प्रायः छूट जाते हैं या अधूरे रह जाते हैं, पर सर्कुलर रीडिंग (वृत्ताकार पठन) की प्रक्रिया से जब-जब भी कोई सहृदय गुजरता है, तो वह अवश्य ही उसकी मुश्किल राह को सुझाते हैं। वैसे देखा जाए, तो कला का प्रयोजन कला ही है। हालाँकि इसे लेकर काफी विचारोत्तेजक बहस है। क्योंकि हर कला सृजन एक नवसृष्टि है, एक नए ब्रह्मांड का अभ्युदय है। यही नवीन सृष्टि हमें नया बोध, नई प्रेरणाएँ देती है। जब हर कवि, कलाकार अपनी नवीन सृष्टि का रचयिता है, तो उसकी सृष्टि की नवीनता भी अपनी ही होगी। ऐसे में उस नवीनता का बोध ग्रहण करना, उसकी परख पाना एक जिज्ञासु सहृदय की पहली चेष्टा होती है। क्योंकि वह एक तलाश में है। ऐसी तलाश जिसका हृदय कुछ भिन्न है, किन्तु अपनी प्रक्रिया से प्राप्त है।

यानी प्रत्येक रचनाकार अपनी रचना-प्रक्रिया में किसी अन्य अनुशासन के बजाय अपनी सृजन-प्रक्रिया से उपजे अनुभव को आधार बनाकर अपनी राह निकालता

है। कह सकते हैं कि यह उसकी एक अद्वितीयता भी है। अपनी तलाश में वह देखेगा कि उपस्थित मानवीय जीवन में मूल्य, स्वाधीनता आदि सब अपने परिवेश में निरपेक्ष भाव से अपना कार्य सम्पन्न कर रहे हैं या किन्हीं विशेष परिस्थितियों या दबावों की वजह से वे इस स्थिति में हैं। ऐसा वह इसलिए करता है क्योंकि उसे अपने भवितव्य की राह को भी आसान बनाना है। अत: वह अपने समय की संगतियों-असंगतियों, क्षुद्रताओं के साथ उदात्तताओं आदि का भी अवलोकन करता चलता है। यही कारण है कि उसकी दृष्टि केवल वर्तमान पर नहीं रुकती बल्कि भविष्य केन्द्रित भी होती है। इसी कारण हर कालजयी साहित्य अपने समय की आलोचना भी करता है। क्योंकि वहाँ कवि प्रयोजन सीमित नहीं है, असीमित है। वह देश, काल और युग से परे जाकर अपनी रचनात्मक प्रक्रिया से उपजे सत्य के माध्यम से समाज का आत्मान्वेषण करता है।

प्रसाद भारतीय प्रज्ञा परम्परा के प्रमुख कवियों में अग्रणी हैं। वे आरम्भ से ही इसके महत्त्व को स्वीकार कर चुके हैं। काव्यकला और निबन्ध के आरम्भ में ही वे कहते हैं कि इस युग की ज्ञान सम्बन्धिनी अनुभूति में भारतीय हृदय पर पश्चिम की विवेचन शैली का व्यापक प्रभुत्व क्रियात्मक रूप में दिखाई देने लगा है, किन्तु साथ ही साथ ऐसी विवेचनाओं में प्रतिक्रिया के रूप में भारतीयता की ही दुहाई सुनी जाती है। परिणाम में मिश्रित विचारों के कारण हमारी विचारधारा अव्यवस्था के दलदल में पड़ी रह जाती है। काव्य की विवेचना में प्रथम विचारणीय विषय उसका वर्गीकरण कला के अन्तर्गत किया जाने लगा है।

यहाँ ऊपर हमने भारतीय पद का इस्तेमाल किया, वह इसलिए किया क्योंकि प्रसाद सरीखे रचनाकार को अपने समक्ष अपनी सहस्त्रों वर्षों पुरानी परम्परा को मुख्यधारा से बाहर देखना पड़ रहा था। इसलिए वे एक ऐसी दृष्टि का बीज वपन करना चाहते थे, जो भारतीय चिन्तन परम्परा की जमीन से जुड़ते हुए इसे प्रमाणित करे कि मिश्रित विचार के बजाय भारतीय विचार का महत्त्व हमारे लिए अधिक उपयुक्त, हितकारी और प्रभावी है। इस अर्थ में प्रसाद देशज आधुनिकता के प्रमुख पैरोकार ही नहीं अगुआ कवि-आलोचक हैं।

इसी विचार को आगे बढ़ाने के क्रम में वे कहते हैं कि जिन पश्चिमी विचारों एवं सौन्दर्यबोध को हमारी तत्कालीन आलोचना ने अपनाया है, वह कहीं अपने मूल में भारतीय उद्‌गम तो नहीं। यहाँ वे संस्कृति भेद से सौन्दर्यानुभूति को बनावट में आए परिवर्तन को या कह लें रुचि भेद को भारतीय एवं इस्लामी संस्कृति भेद

में जहाँगीर के एक वाकये से बयान करते हैं, जिसमें जहाँगीर द्वारा कव्वाल को पिटवाए जाने पर मौलाना उसे समझाते हैं कि खुसरो भारतीय कवि हैं। उसने भारतीय साहित्य परम्परा एवं रुचि के अनुसार पुरुष के प्रति स्त्री उपालम्भ का वर्णन किया है। जबकि जहाँगीर उसे एक खंडिता का अपने प्रेमी के प्रति उपालम्भ समझ रहा था। यहाँ प्रसाद यह समझा रहे हैं कि संस्कृति के भेद से रुचि भेद होता है। वे साहित्य के सत्य को साहित्य से प्रमाणित करने के अपने प्रयास में भारतीय परम्परा में मायावाद से लेकर कालिदास के रति, करुण वर्णन, अज विरह वर्णन और मेघदूत के यक्ष के करुण भाव आदि का उदाहरण भी देते हैं। यानी प्रसाद के यहाँ जो सत्य है वह काव्य सत्य है। इसलिए वे उस सत्य की प्रामाणिकता हमारी परम्परा के कवि कुलगुरु कालिदास के माध्यम से हमारे सामने रखते हैं।

प्रसाद का कवि अपने सत्य को श्रेय-प्रेय दोनों के माध्यम से अपनी सृजन की कसौटी पर कसना चाहता है। इसी कारण वे काव्य को आत्मा की संकल्पात्मक अनुभूति मानते हैं। कह सकते हैं कि प्रसाद काव्य में चिन्तन का प्रवेश काव्य आत्मा की संकल्पात्मक अनुभूति है। यहाँ गौर किए जाने योग्य तथ्य यह है कि प्रसाद का कवि शैवदर्शन की पीठिका पर काव्य को परिभाषित कर रहा है। वे अपने बहुचर्चित निबन्ध काव्य और कला में इसे व्याख्यायित करते हुए स्पष्ट करते हैं कि संकल्प उनके यहाँ विकल्प के विलोम रूप में है। जिस पर विचार परीक्षण विश्लेषण, एवं वैज्ञानिक दृष्टि से सोचा-विचारा जा सकता है। इस बीज वाक्य में आए शब्द संकल्प, अनुभूति, आत्मा आदि व्याख्या की माँग रखते हैं।

इस सम्बन्ध में पहले तो यह स्पष्ट ही है कि उनकी यह धारणा क्षेमराज कृत शिवसूत्र विमर्शनी में आई कला की व्याख्या के आधार पर है। साथ ही इन पदों से बने वाक्य में उनकी कवि दृष्टि का स्पर्श भी है, पर यह स्पर्श है, शब्दशः व्याख्या नहीं करते हैं। ऐसे में किसी भी सहृदय के लिए यह लाभकारी होता है कि वह अपनी दृष्टि से इन शब्दों में छुपे गूढ़ार्थ को अपनी दृष्टि से ग्रहण व अभिव्यक्त कर सके। शब्दशः शब्द की पारम्परिक भारतीय अवधारणा के माध्यम से इनका विस्तार एवं अर्थबोध ग्रहण कर सके।

आइए, संकल्प शब्द से इस अन्वेषण यात्रा की शुरुआत करते हैं।

संकल्प शब्द का कोशीय अर्थ इच्छा, कामना, प्रयोजन, विचार प्रतिज्ञा, चिन्तन, विमर्श आदि है, पर प्रसाद संकल्प शब्द के कोशीय अर्थ को अपनी अनुभूति से

विस्तार देते हुए उसे सम्यक् कल्पना के द्वारा अपनी व्याख्या पर आगे बढ़ते हैं। सम्यक् कल्पना में जो कल्प शब्द आया उसका एक अर्थ सृष्टि भी है। यानी जब कोई कवि अपनी काव्य-चेतना के अनन्त प्रवाह में से अनुभूति और कल्पना की अन्त:प्रक्रिया के सम्यक् अनुभव की सृष्टि करता है, तो उसे संकल्पात्मक अनुभूति कहा जाता है। यह अन्त:प्रक्रिया रचनात्मक होती है और इस रचनात्मकता के कारण सर्जक के चित्त को जो सुख की प्राप्ति होती है, वही आनन्द है।

यह शब्द प्रसाद की काव्य-दृष्टि का आधार या बीज शब्द भी है। क्योंकि जब भी कोई कवि साक्षी भाव से काव्य-सृजन की यात्रा पर आगे बढ़ता है, तो श्रेय-प्रेय यानी समस्त अनुभूतियों से गुजरना पड़ता है। क्योंकि प्रेय के बिना तो काव्य सम्भव ही नहीं है, और उसमें श्रेय के शामिल होते ही वह उत्कृष्ट काव्य की श्रेणी में आ जाता है, साथ ही यह भी तथ्य कि जहाँ श्रेय है, वहाँ कला में सामाजिकता के लिए और जहाँ प्रेम है वहाँ सौन्दर्य के स्थान पर कवि को अलग से यत्न करने की आवश्यकता ही नहीं है। अत: यह समझ लेना ठीक ही रहेगा कि प्रसाद काव्य और कला सम्बन्धी अपने विचारों को मानवीय सौन्दर्यबोध की परिधि में रखते हैं और बजरिये साहित्य वे आनन्द प्राप्ति की ओर ही बढ़ रहे हैं। कालान्तर में उनके काव्य अन्तर्लोक में उपजी बौद्धिकता और ऐन्द्रिकता के एकत्व का विधान इसी श्रेयमयी प्रेम रचनात्मकता का उभार बनकर उनकी काव्य चेतना का प्रतिनिधि स्वरूप हमारे सम्मुख लाता है।

एक श्रेष्ठ कवि इस यात्रा में कहीं पर भी ठहरता-ठिठकता नहीं और न ही श्रेय-प्रेय में से किसी एक का चुनाव करता है। वह तो अपनी आत्मा की कवित्व शक्ति के द्वारा इस अनन्त अथाह सागर की यात्रा में उन चुनिन्दा अनुभव रूपी मणियों को बाहर लाने की सार्थक कोशिश करता है। क्योंकि इसी तरह की काव्य आभा से हमारे मनोजगत की भूमि उर्वरा होती है। इसलिए जो सम्यक् होगा वह स्वत: ही श्रेष्ठ और सार्थक भी होगा। लेकिन अनुभूति की प्रक्रिया में यहाँ विराम नहीं है। वह तो निरन्तर है। अत: जो कुछ अशेष रहेगा, वह छूटता जाएगा। यानी जो व्यक्त होगा, वही संकल्पात्मक अनुभूति होगी। इसलिए वे काव्य और कला निबन्ध में आगे लिखते हैं कि इसका (काव्य) सम्बन्ध विश्लेषण विकल्प या विज्ञान से नहीं है। जाहिर है कि प्रश्न उठता है तो फिर किससे है? तो इसी को व्याख्यायित करते हुए उत्तर में वे कहते हैं कि वह श्रेयमयी प्रेय रचनात्मक ज्ञानधारा है।

इस क्रम में अगला पद है अनुभूति। हम यह तो जानते ही हैं कि प्रत्यभिज्ञा

का अर्थ है पहचान। यह पहचान प्रत्यक्ष और स्मृति के एकत्वबोध की पहचान है। यह बोध हमें अपूर्व अनुभव देता है। प्रत्यभिज्ञा दर्शन के अप्रतिम व प्रमुख व्याख्याकार अभिनवगुप्त कहते हैं कि अनुभव जगत वास्तविक है, काल्पनिक नहीं। इसलिए कोई भी अनुभव आत्म के अनुभव से इतर कुछ भी नहीं है और वह हमारे संकल्प के अनुसार हमारी चेतना में उत्पन्न होता है। वहीं उसका उत्स है और वहीं तिरोभाव। यानी प्रत्यभिज्ञा के आलोक में जिसे प्रसाद संकल्पात्मक अनुभूति कह रहे हैं वह हमारी कल्पना की प्रक्रिया में ठीक वैसे ही है, जैसे आत्मा में। अनुभूति की यह चेतना स्वतंत्र शक्ति के माध्यम से सम्पन्न होती है। पर हाँ, उसके कारण बाह्य होते हैं।

ऊपर हमने विचार किया कि प्रसाद श्रेयमयी प्रेय रचनात्मक ज्ञानधारा को महत्त्व देते हैं। यहाँ कुछ प्रश्न उठते हैं। उदाहरण के लिए यह आवश्यक नहीं कि अनुभव की यात्रा में कवि को श्रेय-प्रेय दोनों एक रूप में दीखें? कहीं ये युग्मरूप दिखाई दे सकते हैं, तो कहीं कोई इसमें से किसी एक का चुनाव करना चाहे तो? क्योंकि यह आवश्यक तो नहीं कि जो सुन्दर है या प्रिय है, वह श्रेष्ठ भी हो। इसका उत्तर देते हुए वे लिखते हैं कि “आत्मा की मनन शक्ति की वह असाधारण अवस्था, जो श्रेय सत्य को उसके मूल चारुत्व में ग्रहण कर लेती है। काव्य में संकल्पात्मक अनुभूति कही जा सकती है।” यह फिर विचारणीय प्रश्न है कि प्रसाद का यह पैमाना विशिष्ट कृतियों पर तो लागू हो सकता है जिनमें अनुभूतियों के समरस होकर श्रेय को प्रेय भी बनाया जा सके, पर सामान्य सृजन में यह असाधारण अवस्था प्रत्येक की अनुभूति हो जाए, यह आवश्यक नहीं है। हिन्दी की रीतिकालीन कविता के उदाहरण से इसे और स्पष्ट किया जा सकता है। क्योंकि वहाँ श्रेय की तुलना में प्रेय को अधिक महत्त्व है। तो क्या रीतिकाल की कविता आत्मा की संकल्पात्मक अनुभूति नहीं है?

इसके उत्तर में कहा जा सकता है कि मानव प्रेम एवं उसके विविध रूपों की अभिव्यक्तियाँ श्रेय यानी मानवत्व के श्रेष्ठ अनुभवों में शामिल नहीं हैं क्या? इसलिए ही रीतिकालीन कविता को केवल प्रेय काव्य की दृष्टि से देखना समीचीन नहीं जान पड़ता। क्योंकि समूचा वर्णन रीतिवर्णन है, तो मानव प्रेम एवं उसके विविध रूप छटाओं की स्थितियों का ही वर्णन है। अत: मानववाद को केन्द्र में रखने से इस भ्रम का परिहार हो जाता है। साथ ही यहाँ हमें यह भी ध्यान रखना है कि अनुभूति और अभिव्यक्ति के सन्दर्भ में प्रसाद के विचार स्पष्ट हैं। वे अनुभूति को

महत्त्वपूर्ण मानते हैं। अतः अनुभूति ही कवि के लिए श्रेय है और जो श्रेय है, वही प्रेय भी हो सकता है। इसीलिए प्रसाद श्रेयमयी प्रेय रचनात्मक ज्ञानधारा की ओर संकेत करते हैं। प्रसाद आत्मा के तीन गुण मानकर चलते हैं। वे इनके तीन प्रमुख कार्यों के बारे में बताते हैं—

1. मनन,
2. निर्वचन की वाक् शक्ति,
3. सजीव प्राण शक्ति जो सबमें समन्वय करे। वे तीनों को आत्मा की मौलिक क्रियाएँ स्वीकारते हैं।

प्रसाद काव्य चिन्तन में जिस आत्मा के बारे में कह रहे हैं वह देह, मन और बुद्धि से सम्पन्न आत्मा की ही बात है। वे इन तीनों को अनात्म नहीं मानते। वस्तुतः इन्हीं तीन शक्तियों की अनेकानेक अभिव्यक्तियाँ ही आत्म की अभिव्यक्तियाँ हैं। यानी वे सृजनात्मक आनन्दबोध से सम्पन्न क्रीड़ाएँ हैं। "काव्य भी इन्हीं अभिव्यक्तियों में से एक विशेष अभिव्यक्ति है। काव्य पुरुषार्थ का ऐसा रूप है, जो अनुभूतिजन्य ज्ञान पुरुषार्थ है।"

इसी परिभाषा की पगडंडी पर आगे चलते हुए वे यह स्थापना रखते हैं कि "काव्य में आत्मा की संकल्पात्मक अनुभूति की मुख्यधारा रहस्यवाद है। छायावाद के सम्बन्ध में कहा जाता है कि उसका उद्‌गम सेमेटिक धर्मभावना है। इसलिए भारत के लिए वह बाहर की वस्तु है।" परन्तु प्रसाद विनम्रता से असहमति जताते हुए इसे भारत की निजी सम्पत्ति मानते हैं। प्रसाद की दृष्टि ठीक है क्योंकि प्रसाद भारत व पश्चिम की रहस्यभावना के अन्तर को जानते हैं। जो रहस्यवाद को भारत के बाहर की आयातित विचार सम्पदा समझते हैं, वे इस अन्तर की तरफ देख नहीं पा रहे हैं। वह अन्तर क्या है? सर्वप्रथम तो भारतीय परम्परा में रहस्य शब्द का प्रयोग नहीं है वरन इसके स्थान पर गूढ़ गुह्य, गुप्त आदि का प्रयोग है। रहस्य की भारतीय अवधारणा में जहाँ आनन्द, सौन्दर्य और उन्माद भाव की प्रधानता है, वहीं पश्चिम के रहस्य में अनिर्वचनीयता, झलक, क्षणिकता व किसी विचार सत्ता के पूर्णतः अधिकृत होने की अनुभूति। इसी तरह पश्चिम का वैज्ञानिक दर्शन अस्तित्व को दो भागों में बाँटकर देखता है—

1. ज्ञात,
2. अज्ञात यानी जो आज ज्ञात है वह कल अज्ञात था और शनैः-शनैः हम

इस अवस्था में आते जा रहे हैं कि जो आज अज्ञात है, उसके बारे में कल हम जान लेंगे।

जब भारतीय दर्शन इसी रहस्यवादी विचार के अन्तर्गत अस्तित्व को तीन भागों में देखता है, ज्ञात-अज्ञात और न जानने योग्य। इस तीसरे न जानने योग्य को अनुभूत तो किया जा सकता है। इसके अतिरिक्त भारतीय रहस्यवाद का सारा जोर अनुभूति पर है, वहीं पश्चिम का सारा जोर ज्ञानेन्द्रियों पर है।

इसलिए उनकी यह स्थापना ठीक ही प्रतीत होती है कि "यह प्रकृति अथवा शक्ति का रहस्यवाद आनन्द लहरी के 'शरीरं त्वं शंभो' का अनुकरण मात्र है। वर्तमान में हिन्दी में इस अद्वैत रहस्यवाद की सौन्दर्यमयी व्यंजना होने लगी।" अपने प्रमाण के रूप में चौरासी सिद्धों को वे हिन्दी के आदि रहस्यवादी बताते हुए स्थापित कहते हैं कि इसका सम्बन्ध वेद, उपनिषद, शैवागम और शाक्त आदि परम्परा से है। यही परम्परा आगे बढ़ती हुई तुलसी, मीरा, सूर, देव, घनानन्द, रसखान को भी इससे जोड़ती है।

प्रसाद की काव्य संवेदना से गुजरने पर एक निष्कर्ष यह भी सामने आता है कि कोई भी काव्यानुभव विश्वानुभव की परिधि से कटा नहीं है वरन वह उस विश्वानुभूति का ही एक अविभाज्य हिस्सा है। अपने काव्य चिन्तन के केन्द्रों में आत्मानुभूति को रखते हैं। यानी वे कविता को हृदय से नहीं आत्मा से सम्बद्ध करते हैं। यानी उनकी और आचार्य शुक्ल की दृष्टि में अन्तर है। क्योंकि कविता क्या है? निबन्ध में आचार्य शुक्ल कहते हैं कि काव्य हृदय की मुक्ति का विधान है, वहीं प्रसाद के यहाँ वह आत्मा की संकल्पात्मक अनुभूति है। वे कवि चेतना सम्बन्ध-एक शाश्वत चेतना शैव दर्शन में जिसे नियति कहा गया है, से जोड़ते हैं।

प्रसाद की काव्य-दृष्टि भारतीय चिन्तक परम्परा की ही एक कड़ी है। पाश्चात्य दृष्टि में तो काव्य को अनुकरण कहा गया है, सत्य नहीं। प्रसाद इससे असहमति रखते हैं। वे काव्य को अनुकरण नहीं मानते। वे भरत की इस स्थापना से सम्बद्ध होकर कहते हैं कि 'आत्माभिनयन भावो' यानी आत्मा का अभिनय ही भाव है। उन पर अभिनवगुप्त का गहरा प्रभाव है। उनके लिए कविता केवल मनोवेग का उतेजन नहीं है। वे उस सर्जनात्मक अन्तःक्रिया में उपजे सुख को आनन्द के रूप में पहचानते हैं। वे इसे देकार्त की तरह केवल बौद्धिक आनन्द तक ही सीमित नहीं रखते। वे चैतन्य की भिन्नता को अभेदमय कर उसके विश्रान्तिमय हो जाने को काव्यास्वाद मानते हैं। वे लिखते हैं कि भारतीय रसवाद में मिलन, अभेद, सुख

की दृष्टि ही मुख्य है। आधुनिक हिन्दी काव्य और काव्यशास्त्र में काव्य स्वरूप को आत्मानुभूति की उच्च भूमि पर प्रतिष्ठित करने का श्रेय प्रसाद को ही जाता है। हालाँकि उन्होंने इसे शैव दर्शन की पीठिका पर खड़े होकर शैव दर्शन की ही शब्दावली में साकार किया है, पर इस दृष्टि के प्रस्तोता तो वे ही हैं।

अब यहाँ प्रश्न उठना वाजिब ही है कि आत्मा, संकल्प, अनुभूति ये सारे शब्द समाज निरपेक्ष है, सापेक्ष नहीं। फिर प्रसाद काव्य किस प्रकार से समाज सापेक्ष है। अब तक के विवेचन से इतना तो स्पष्ट हो ही चुका कि उनके लिए यथार्थ या कहें समाज सापेक्षता वह नहीं है जिसे हम सामान्य रूप से यथार्थ कहते हैं। तो फिर वह क्या है? थोड़ा उदात्त दृष्टि से लक्ष्य करें, तो प्रसाद या सभी छायावादी कवि किस प्रकार समाज निरपेक्ष हैं? जबकि हम यह जानते हैं कि आधुनिकता का एक विशेष गुणसमाज निरपेक्षता है, तो फिर यह सारी छायावादी काव्यधारा कैसे इससे युक्त है? इन प्रश्नों की गहराई में जाने से पूर्व हमें यह जानना जरूरी है कि काव्य आत्मा की संकल्पात्मक अनुभूति है। इस तरह की स्थापना पूर्व में किसी आचार्य ने या काव्य शास्त्रीय परम्परा में देखने को नहीं मिलती। नन्ददुलारे वाजपेयी ने ठीक ही लिखा है कि प्रसाद की ये उद्भावनाएँ अधिकांश नवीन हैं। किसी क्रमागत विचार परिपाटी से इसका कोई सम्बन्ध नहीं है।

हम देखते हैं कि प्रसाद या पूरे छायावादी काव्य में पौराणिक युग की किसी घटना, अथवा देश-विदेश के स्थूल वर्णन से भिन्न जब वेदना से सिक्त होकर स्वानुभूतिमयी काव्य का प्रस्फुटन होता है, तो हिन्दी में इसी अभिव्यक्ति को छायावादी कहा गया है। यहाँ स्वानुभूति शब्द हमारे ऊपर के सारे प्रश्नों के उत्तर की कुंजी है जिसे उनका ताला आसानी से खुल सकता है। स्वानुभूति पर विशेष ध्यान दिए जाने का कारण है कि स्वानुभूति ही प्रत्येक कवि की अनुभूति या कह लें आत्म प्रतीति है। क्योंकि इस स्वानुभूति का कारण वेदना है। वेदना यानी सृजन की प्रक्रिया में उपजा अनुभव। ध्यान रहे यहाँ वेदना पीड़ा के अभिधार्थ में नहीं है, वरन व्यंजनार्थ में उस रचनात्मक प्रक्रिया का अनुभव है। यह अनुभव पाश्चात्य अवधारणा यानी Experience से भिन्न है। क्योंकि वहाँ Experience के मानी ज्ञानेन्द्रियों के अनुभव से नहीं, अहसास से है। इसलिए जब स्वानुभूति की बात हो रही है, तो इसका तात्पर्य हुआ कि वह स्वानुभूति ज्ञानेन्द्रियों से उपजे अनुभव की प्रतीति है, जो प्रत्येक कवि की अपनी होती है। इसीलिए उसे स्वानुभूति यानी स्व की अनुभूति कहा गया है Experience नहीं। क्या आधुनिकता स्व की प्रतिष्ठा का

अनुष्ठान नहीं है? क्या वह आत्मेचतस होने की प्रक्रिया नहीं है? जाहिर है कि जब वे आत्म, संकल्प, अनुभूति आदि से गुजर रहे हैं, तो केन्द्र में मनुष्य और मानवेतर दोनों का ही संसार है। समस्त चर-अचर के साथ हमारा एक अद्वितीय रिश्ता भी है।

अत: उनके समाज निरपेक्ष होने का प्रश्न उठना संगत नहीं है। उनका कवि-कवित्व दोनों समाज सापेक्ष है और कला सापेक्ष भी। यही वह प्रक्रिया है जिसमें प्रसाद भारतीय परम्परा का पुनराविष्कार कर रहे हैं। यही प्रसाद की काव्य-दृष्टि का अवदान भी है।

गांधी : साधारण का सौन्दर्य

विश्व राजनीति के इतिहास और मानचित्र पर भारत इकलौता ऐसा राष्ट्र है जिसने अपनी पूर्ण स्वतंत्रता शस्त्रशक्ति के बल पर नहीं वरन आत्मशक्ति और संयम से प्राप्त की है। संयम, प्रेम और अहिंसा के इस अद्वितीय प्रयोग ने एक नया इतिहास रच दिया।

गांधी इसलिए महत्त्वपूर्ण नहीं हैं कि उन्होंने आजादी की लड़ाई का नेतृत्व किया, बल्कि उनकी महत्ता इसमें है कि उन्होंने इस लड़ाई में संस्कृति के आन्तरिक मूल्यों का आदर्श उपयोग किया। इसके लिए उन्होंने अपने राजनीतिक गुरु गोपालकृष्ण गोखले की सलाह को स्वीकारा। देशाटन किया। संस्कृति को जाना। जाँचा और समझा। इस प्रक्रिया में उन्होंने यह भली-भाँति जान लिया था कि तत्कालीन भारतीय समाज दुर्बलताओं के पाश में हैं। ये दुर्बलताएँ सामाजिक भेदभाव, रूढ़िवादिता, निर्धनता, धार्मिक रीति-रिवाजों के साथ आत्मभीरुता के रूप में हमारी स्वतंत्रता के पथ में बाधा है।

गौर से देखेंगे, तो पता लगेगा कि गांधी के राजनीतिक आन्दोलनों ने केवल राजनीतिक क्रान्ति का माहौल तैयार नहीं किया, बल्कि उन्होंने एक साथ आध्यात्मिक, सांस्कृतिक और सामाजिक क्रान्तियों के द्वारा भारतीय मानस को परिवर्तित, परिमार्जित करने की एक गम्भीर और सार्थक पहल की। सामान्यत: हम उनके नेतृत्व में हुए राजनीतिक आन्दोलनों की ही चर्चा करते हैं, पर उनके द्वारा समाज के मानस को परिवर्तित करने के लिए, खासकर सवर्णों के मानस परिवर्तन के लिए किए उनके अनशन और कार्यों की तरफ हम कम गौर करते हैं। देखा जाए, तो एक सुदीर्घ अवधि के बाद भारतीय चित्त के रोगों का निदान कोई योग्य नाड़ी वैद्य कर रहा था। वे एक ऐसे सजग, सक्रिय और ज्ञानवान वैद्य थे जिन्होंने अस्वस्थ भारत की

नब्ज पर न केवल हाथ ही रखा, बल्कि उसके रोग के कारणों की तह में जाकर निराकरण की महत्त्वपूर्ण कोशिश की। क्योंकि उनका स्पष्ट मानना था कि जब तक इस देश में अस्पृश्यता है, हम लोग स्वराज प्राप्ति के लायक ही नहीं हैं। उनकी दृढ़ मान्यता थी कि अस्पृश्यता उन्मूलन स्वराज का प्रथम पायदान है।

एक विशेष गौर करनेवाली बात यह भी थी कि भारत की तत्कालीन स्थितियों, परिस्थितियों पर अपने समकालीनों से भिन्न राय रखते हुए भी गांधी ने समाज की बीमारी के निराकरण हेतु मौलिक उपाय सामने रखे। उन्होंने सदैव ही असहमति का मान रखा और अपने विचार की यात्रा को भी प्रभावित नहीं होने दिया। वे तो सदैव ही कहते थे कि मैं नौसिखिया हूँ। इसलिए हम पाते हैं कि उनकी विचार यात्रा सदैव स्थिर अथवा अपने आप में पूर्ण होने का दम्भपूर्ण दावा नहीं करती है।

जनभागीदारी के लिए उनके द्वारा चयन किए प्रतीकों और वस्तुओं का चयन अपने आप में नायाब था। उदाहरण के लिए वे एक ऐसे प्रज्ञावान विचारक थे कि जिन्होंने मुट्ठी भर नमक से देश की आम-अवाम के मन में व्याप्त भय को न केवल दूर ही किया, बल्कि एक सही राह भी सुझाई। अपनी सही और उचित बात कहने का साहस भरनेवाले वे तत्कालीन राजनीतिज्ञों में इकलौते ही थे। नमक जैसी रोजमर्रा वस्तु का उपयोग करते हुए उन्होंने सहजता रो ही मानस क्रान्ति के बीज बो दिए। गह उनकी अभेद दृष्टि का ही कमाल था कि सारी जनता को यह भली-भाँति समझ में आ गया कि नमक और सत्याग्रह का मेल क्या है? उन्हें इसकी व्याख्या नहीं करनी पड़ी। इसी तरह पैदल चलना, चरखा, खादी अन्तरात्मा की आवाज सुनना उनके द्वारा किए गए ऐसे अभूतपूर्व प्रयोग थे जो सदियों से दिग्भ्रमित हो गए। जीवन को पुनः उसकी राह में लौटाने में अहम भूमिका निभा रहे थे। यानी गांधी का चयन सामान्य, सरल और दैनिक जीवन से जुड़ा था। हम कह सकते हैं कि वे अस्तित्व के विभिन्न आयामों के साथ कई मोर्चों पर अपने परिपक्व विवेक और संयम के साथ संघर्ष कर रहे थे और उनके इन्हीं प्रयोगों ने उन्हें विश्व राजनीति के मंच गर एक अद्भुत नायक के रूप में स्थापित कर दिया।

गांधी के महानायक बनने में अहिंसा की भूमिका सर्वोपरि है। अपनी आत्मकथा में स्वयं बापू ने लिखा है सत्य का पूर्ण भास अहिंसा के पूर्ण साक्षात्कार से ही सम्भव है। अर्थात् गांधी के लिए सत्य और अहिंसा दो भिन्न मानवीय मूल्य नहीं हैं। उनके लिए तो वे एक ही सिक्के के दो पहलू हैं। महत्त्वपूर्ण बात यह है कि

उनकी अहिंसा में असहमति और विरोध के लिए भी पर्याप्त जगह है। गांधी अहिंसा का चुनाव केवल स्वतंत्रता संग्राम के लिए नहीं कर रहे थे वरन उनका लक्ष्य था पाश्विक और पतनशील होती जा रही मानवता की राह में आ रही बाधाओं को दूर करना।

गांधी की इतिहास दृष्टि अत्यन्त साफ और उज्ज्वल थी। वे भली-भाँति जानते थे कि विगत दो शताब्दियों में घटित महान क्रान्तियों की विफलता के कारण क्या थे? उन्होंने हिंसक क्रान्तियों की असफलताओं से अपनी इस समझ को और मजबूत बनाया कि हिंसा की पूर्णाहुति हिंसा ही है। यानी हिंसा से किसी भी समस्या का स्थायी समाधान सम्भव नहीं है। उनकी दृष्टि दीर्घकालिक थी। वे तात्कालिकता के आग्रह को नहीं स्वीकार करते। उनका सारा जोर किसी भी समस्या के स्थायी, दीर्घकालिक और सात्त्विक समाधान की तरफ था। इसके अतिरिक्त उनके अहिंसकीय विवेक के निर्माण में हमारी सुदीर्घ परम्परा का प्रभाव भी था।

यहाँ इस प्रश्न का उठना लाजिमी है कि जब सुदीर्घ परम्परा, ठोस आधार पर अहिंसा इस देश और समाज में पनपी, तो आज ये मूल्य कारगर क्यों नहीं हैं? इसके उत्तर में कहा जा सकता है कि दरअसल आज सभ्यता होने और दिखने के द्वंद्व के बीच है। गांधी की अहिंसा एवं उनके द्वारा अपनाई गई जीवनशैली से स्वयं उनमें एक विशिष्ट आत्मबोध का विकास हुआ है। यह आत्मबोध उन्हें द्वंद्वरहित, कथनी और करनी की एकता, पाखंड से दूर साधारण के सौन्दर्य से विभूषित करता है। क्योंकि उस समय जीवन की गति आज की जितनी तीव्र नहीं थी। गांधी दृष्टि का धीमेपन के साथ विशेष सम्बन्ध रहा है। गांधी की मान्यता थी कि धैर्य इस संस्कृति का धरम रहा है। इसलिए हमें अपने धर्म से नहीं डिगना चाहिए। इसके उलट आज के देश और समाज में स्व की स्थिति बड़ी ही भयावह है। आज व्यक्ति के पास स्व के लिए समय ही नहीं है, तो वह अपने देश और संस्कृति के लिए कैसे और किस तरह से विचार कर सकता है। इसलिए गांधी के मूल्य आज कम प्रभावी है।

यहाँ यह तथ्य भी गौर किया जाना न्यायसंगत होगा कि हमने एक ऐसी जीवनशैली को अपना लिया है कि जिसके कारण किसी भी प्रकार के विचार, दृष्टि और मूल्यों को फलित होने का अवसर ही नहीं मिल रहा है। यह प्रतिस्पर्धा का युग है। हम तो बस साधने में जुटे हैं। याद रखें साधना और फलित होना दो भिन्न क्रियाएँ हैं। हमें इस अन्तर को अच्छी तरह जानना और समझना होगा। अगर देश

और समाज गांधी की सुझाई राह पर आगे बढ़ेंगे, तो जीवन में सत्य और अहिंसा का उदय स्वयमेव ही होगा, हमें उसके लिए अतिरिक्त प्रयास करने की आवश्यकता नहीं होगी। हम स्वाभाविक रूप से उन मूल्यों, विचारों और दृष्टि को अपने जीवन में फलता-फूलता पाएँगे।

हमारे जीवन में गांधी का महत्त्व इसलिए भी है क्योंकि वे कोई कागजी-किताबी सिद्धान्त नहीं गढ़ते, बल्कि उनका प्रत्येक कर्म एक अनूठे प्रयोग की अपनी तरह की दास्तान है। बापू को भारत की जनता ने जो बेशुमार प्रेम और सम्मान दिया, उसके मूल में कथनी और करनी की एकता थी। बापू के बोले शब्द उस समय ही नहीं, आज भी उतने बलशाली हैं।

मेरी नजर में महात्मा गांधी अकेले ऐसे राजनेता रहे हैं जो हमारी संस्कृति की आन्तरिक ताकत को भली-भाँति जानते थे। लोगों के दिमाग में यह बात थी कि यह जो बोलेगा, वही करेगा। जो बोलेगा, दिल से बोलेगा, जो करेगा, दिल से करेगा। इसलिए उनके चरित्र, भाषा और व्यवहार में हम तो क्या उनके आलोचक भी ढूँढ़कर किसी भी प्रकार का दोहरापन नहीं दिखा पाते हैं।

जब बापू से पूछा गया कि आपका सन्देश क्या है? तो यह पूज्य बापू ही थे जो कहते थे कि मेरा जीवन ही मेरा सन्देश है। अद्भुत व्यक्तित्व के धनी, राष्ट्रपिता की पदवी प्राप्त एक विराट व्यक्तित्व ही ऐसा कह सकता है। गौर कीजिए उन्होंने कोई पन्थ, सम्प्रदाय आदि का सहारा भी नहीं लिया और थोथे उपदेश तो बिलकुल भी नहीं दिए। उनका कहा, बोला और लिखा केवल भारत या उसकी आजादी से सम्बन्धित नहीं था, बल्कि वे तो सम्पूर्ण मनुष्य जाति के लिए, उसकी पीड़ाओं से मुक्ति के लिए लड़ रहे थे। वे गरीबी, पश्चिम से प्रभावी जीवनशैली और शोषण के विरुद्ध थे। सरलता, सादगी और सच्चाई के साथ संवेदनशीलता से रसा-पगा उनका व्यक्तित्व मनुष्य मात्र को स्वत: ही आकर्षित करता है। उनका सम्पूर्ण जीवन अन्याय के विरुद्ध किए संघर्ष की एक बेमिसाल कहानी है। वे तो मनुष्य की मुक्ति का महायज्ञ कर रहे थे। उनका कर्तृत्व मानव मात्र के लिए था।

आज के हालात में हमें पूज्य बाबू से यह सीख ग्रहण करनी है कि दूसरों की जय से पहले खुद को जय करें। यानी हमें अपने आप पर विजय पानी है। हमें आधुनिक जीवनशैली के कारण जीवन में आए श्रम और बुद्धि के बीच के अलगाव की पहचान करनी है और खुद को इस हेतु परिपक्व बनाना है, ताकि हम सब सामुदायिक आरोग्य की राह पर आगे बढ़ सकें।

पूज्य बापू ने सदाचार को महत्त्व देकर मानवता को आरोग्य के पथ पर पथारूढ़ करने की गम्भीर पहल की थी। आज की परिस्थिति में हमें बापू के जीवन से यह सीख लेते हुए आगे बढ़ना है कि शान्त और संयमित रहकर हम विषम से विषम परिस्थिति का सामना करने में सफल और समर्थ हो सकते हैं।

विनोबा : अनूठे अनुभव का आनन्द

तुम्हारे लिए कौन सा विशेषण काम में लाऊँ, यह मुझे नहीं सूझता। तुम्हारा प्रेम और चरित्र मुझे मोह में डुबो देता है। तुम्हारी परीक्षा करने में मैं असमर्थ हूँ। तुमने जो अपनी परीक्षा की है, उसे मैं स्वीकार करता हूँ और तुम्हारे लिए पिता का पद ग्रहण करता हूँ। —मो. क. गांधी

सत्य, प्रेम और करुणा की जीवन्त मिशाल विनोबा का असल नाम विनायक नरहरि भावे था। विनोबा गांधीजी द्वारा दिया गया नाम है। आजाद भारत के इतिहास में वे एक विरल विचारक के रूप में सुख्यात हैं। जिनका मौलिक चिन्तन ज्ञान के लगभग समस्त उपलब्ध अनुशासनों की अपनी दृष्टि से पुनर्व्याख्या करता है। गांधीजी ने उनकी अहिंसक कर्म साधना से प्रभावित होकर ही उन्हें प्रथम सत्याग्रही घोषित किया था। लोक में उनके लिए अनेक उपाधियाँ प्रचलन में थीं—आचार्य, ऋषि, बाबा और सन्त। वस्तुत: विनोबा इन सभी का संगम थे। वे एक ऐसे नवाचारी शिक्षक थे जिन्होंने अपने चिन्तन और मनन से पकी दृष्टि और विचार का आलोक देकर अज्ञान के घटाटोप को दूर करने की हर सम्भव कोशिश की। गांधी के बाद अगर भारतीय जनता ने किसी एक व्यक्तित्व पर पूर्ण विश्वास किया, तो वे विनोबा भावे थे।

विनोबा का असर अखिल भारतीय जनमानस पर था। इसके पीछे उनकी वैज्ञानिक सोच और गणितज्ञ होना भी था। अपने आचरण एवं व्यवहार में विरक्त और अलिप्त रहने वाले विनोबा ने मनुष्य संस्कृति के व्याकरण और गणित को अपने आत्मज्ञान से भली-भाँति समझा था। इसलिए उन्होंने मनुष्य जाति को भूदान जैसी अनूठी योजना की व्यावहारिक परिकल्पना दी। क्या भूमि की समस्या केवल भारत की समस्या है? गहराई से देखें, तो सम्पूर्ण मनुष्य समाज इस समस्या से

निरन्तर जूझ रहा है। निरन्तर जूझती इस सभ्यता को जहाँ गांधी ने सत्याग्रह दिया, तो विनोबा ने भूदान। दरअसल भूदान एक तरह से प्राकृतिक संसाधनों की संरक्षकता की ओर उठा एक मजबूत कदम है।

विनोबा साहित्य से गुजरना अनूठे अनुभव की आनन्द यात्रा से गुजरना है। अनेक भाषाओं, अनुशासनों और अपनी वैज्ञानिक दृष्टि के चलते वे किसी भी विचार की तलस्पर्शी गहराई में जाते हैं और फिर अपने अनुभव से, एक सफल गोताखोर की तरह अद्भुत मोती हमारे लिए लेकर आते हैं। अपने सरल और सहज जीवन से उन्होंने यह समझाने की बेहतरीन कोशिश की कि परिस्थिति चाहे कैसी भी हो, अहिंसा, करुणा और प्रेम की ताकत से उसे अपने अनुकूल, सुखद बनाया जा सकता है। उनकी देह जितनी दुबली-पतली थी, उनके विचार उतने ही ठोस और तीक्ष्ण। इसलिए वे एक मर्मस्पर्शी वक्ता के रूप में भी समादृत हुए। वे संस्कृत, उर्दू, फारसी, हिन्दी, मराठी, गुजराती, तमिल, तेलगु, कन्नड़, मलियाली, अंग्रेजी, जर्मन आदि कई-कई भाषाओं के गहरे जानकार थे। विविध ज्ञान परम्पराओं के इस अनूठे नायक की विनोदी वृत्ति भी जगजाहिर थी।

वे इस अर्थ में गांधीजी के सच्चे उत्तराधिकारी थे कि उन्होंने गांधीजी की रखी नींव पर न केवल नवनिर्माण किया वरन गांधी दृष्टि को अपने मौलिक चिन्तन से नवोन्मेष भी दिया। इसलिए अकादमिक क्षेत्र में उन्हें नवगांधीवादी विचारक के रूप में भी जाना जाता है। वे विश्वविचारकों की उस परम्परा के अग्रणी नागरिक थे जो यह मानती है कि हमें दूसरों के श्रम पर नहीं, स्वयं के श्रम पर जीवन का भव्य भवन खड़ा करना चाहिए। आधारभूत सुविधाओं के मामले में वे सदैव यह कहते थे कि जब ईश्वर ने वर्षा देते हुए यह नहीं देखा कि कौन पात्र-अपात्र है, साँस के लिए हवा सबको बराबर दी, तो हमें भी किसी की आधारभूत सुविधाओं में व्यवधान नहीं डालना चाहिए, बल्कि इस राह में आ रही बाधाओं का उन्मूलन करना चाहिए।

वे साहित्य की शक्ति को परमेश्वर की शक्ति से कम नहीं आँकते थे। वे कहते हैं—ऐसा बहुत कुछ है जो हमारे संसार में तो नहीं है, पर साहित्य के संसार में है। ...साहित्यिक तो आकाश में, पाताल में और धरती पर गंगा की धारा देखते हैं। इस तरह वे गंगा की तीन-तीन धाराएँ देखते हैं। लेकिन ईश्वर की सृष्टि में गंगा की एक ही धारा है, जो हिमालय से निकलती है और गंगासागर में लीन हो जाती है। इसलिए साहित्यिकों के पास बहुत शक्ति पड़ी है।

वे कवि को क्रान्तदर्शी मानते हैं। उनके यहाँ क्रान्तदर्शी से तात्पर्य है कि वह

कवि जिसे उस पार भी दिखता है। उनका मानना है कि ऐसा साहित्यिक अपने को किसी घेरे में बद्ध नहीं करता। साहित्य की महिमा के विषय में वे लिखते हैं—साहित्यिक किसी सम्प्रदाय के नहीं होते। साहित्यिकों का लक्षण ही यह है कि वे सम्प्रदायातीत होते हैं। जो समुदाय में बद्ध है, वे चिरन्तन साहित्यिक नहीं होते हैं, वे तो तात्कालिक साहित्यिक होते हैं। चिरन्तन साहित्यिक तो वे होते हैं जो सब पन्थ, सम्प्रदाय वगैरह से भिन्न होते हैं, परे होते हैं।

उनके विचार विश्व में जीवन पाथेय के सूक्ष्म से लेकर विराट तक का कोई ऐसा कोना नहीं है जिसमें उनकी आवाजाही न हो। अध्यात्म, धर्म, आत्मज्ञान, विज्ञान, सर्वोदय, साहित्य, स्त्री शक्ति, गो-सेवा, प्राकृतिक चिकित्सा, लोकनीति, भूदान आदि वे सब जीवन आयाम शामिल हैं, जो जीवन को जीवन बनाते हैं और जिनसे जीवन का गणित और व्याकरण समृद्ध होता है। यह निश्छल प्रेम की प्रतिमूर्ति विनोबा ही कह सकते थे कि—डाकू कोई गैर नहीं है, असली डाकू है हमारी संग्रहवृत्ति। इसलिए वे कहते हैं कि—हमें सदैव ही सबके लिए अपना द्वार खुला रखना चाहिए। यह उनकी निर्भयता ही थी कि वे बीहड़ में भी उसी शान्ति और विश्वास के साथ चले जाते थे, जितना किसी धार्मिक सभा में।

उनके अपूर्व ज्ञान खासकर साहित्य चिन्तन से गुजरने के लिए हमें श्री नन्दकिशोर आचार्य द्वारा सम्पादित पुस्तक विनोबा के उद्धरण से जरूर गुजरना चाहिए। विनोबा के साहित्य चिन्तन को जानने के लिए यह एक जरूरी किताब है।

वे साहित्य को सकलानुभूति मानते हैं, साहित्य के भविष्य को लेकर उनके मन में कोई संशय नहीं है क्योंकि उनका उद्‌भट चिन्तक जानता है कि संस्कृति की यह अविराम यात्रा जिसमें आज धर्म और राजनीति आगीवान है, कल इनका स्थान आत्मज्ञान और विज्ञान लेगा। उनका मानना है कि आत्मज्ञान और विज्ञान को जोड़ने में साहित्य की भूमिका महत्त्वपूर्ण है। अतः साहित्य के भविष्य को लेकर किसी संशय की आवश्यकता नहीं है।

अहिंसा उनकी नीति रही और समन्वय उनका मार्ग। वे सबका उदय चाहते थे। यानी उनकी दृष्टि में कोई भी किसी कारण से वंचित न रहे। वे वंचितों के सहयात्री थे, सहभागी थे।

कवि प्रदीप : सहजता का सौन्दर्य

कब दो श्रेणियाँ बँट गईं नहीं मालूम। एक श्रेणी कवियों की, एक गीतकारों की। गीत लिखने की न्यूनतम अर्हता कविता लिखना है। गीत लिख पाना साधना की चरम परिणति है। हर कविता की इच्छा अन्ततः गीत बन जाना है। —कवि अरुण कमल

हम समय के उस कालखंड में जी रहे हैं कि जिसमें उसकी गति पूरे इतिहास में अब तक की सबसे तेज गति रही है। यह अनावश्यक, संयम रहित, सहजता के सौन्दर्य से वंचित गति जीवन के आकार और व्याकरण को विकृत करती जा रही है। पर ध्यान देने योग्य तथ्य यह भी है कि जीवन विकास के लिए असाधारण या असहज गति-मति की नहीं वरन साधारण और सहज की अनिवार्य उपस्थिति काम्य होती है।

साहित्य का इतिहास भी इस तेज गति के चलते कुछ विस्मृति का शिकार हुआ है। कुछ साहित्य विधाओं की राजनीति, कुछ आलोचकों और लेखकों की राजनीति के चलते हमारे समय के कुछ ऐसे व्यक्तित्व हमारे ही स्मृतिकोश से हटते जा रहे हैं, जो कि हमारी धरोहर हैं। ऐसी ही एक धरोहर हैं कवि प्रदीप। कवि प्रदीप ने अपनी काव्य यात्रा कविता से शुरू की, पर उसकी यात्रा कविता से काव्य तक ही सिमटकर नहीं रह गई, वरन उसकी परिणति गीत तक गई।

गीत के बारे में सामान्यतः यह माना जाता है कि वे राग भरे आवेश की रचना है। यानी इस जटिलतम समय की संश्लिष्ट अनुभूतियों को उसमें गूँथा जाना एक कठिन काम है। गीत विधा के साथ एक दिक्कत यह भी रही कि आलोचकों ने न तो इस विधा की ओर न ही उसके किसी प्रमुख गीतकार की ओर अधिक ध्यान दिया। पर इससे गीत की अन्तरात्मा और सांगीतिक सौन्दर्य की अनुभूति की कोई

क्षति नहीं हुई। गीत हमें अनुभूति के जिस स्तर पर ले जाता है, वह अपने आप में विलक्षण अनुभव है। नवगीत के दौर में कुछ में भी एक त्रासदी यह रही कि गीत की एक परम्परा बनते-बनते रह गई। हम देखते हैं कि जिस समय प्रदीप गीत रच रहे हैं, वह समय हिन्दी फिल्मों में उर्दू के प्रभाव का है। चालू गीतों के चलन का रहा है पर कवि प्रदीप के इसमें प्रवेश करते ही परिदृश्य में एक बड़ा बदलाव आता है और पं. भरत व्यास, इन्दीवर सरीखे अमर गीतकार उस वातावरण को और मजबूत बनाते हैं, जिसकी बुनियाद में कवि प्रदीप का गीतकाव्य है। परिणामस्वरूप हम पाते हैं कि उस समय के जनकंठ के हार उन्हीं गीतकारों के गीत थे। बल्कि यह कहें तो अतिशयोक्ति नहीं होगी कि वह समय इन्हीं गीतकारों का था।

कवि प्रदीप के एक प्रभात गीत द्रुम द्रुम गूँज रही शहनाई गीत में हम देखते हैं कि कैसे एक कवि दो संस्कृतियों के शब्दों की परस्पर टकराहट से एक नई काव्यानुभूति या काव्य संस्कार को जन्म देता है। हम देखते हैं कि द्रुम और गूँज शब्द तो हिन्दी के तत्सम शब्द हैं और शहनाई फारसी का है। अच्छा गीतकार शब्द के सौन्दर्य को उजागर करते समय लय के सौन्दर्य का भी उतना ही ध्यान रखता है जितना शब्द के सौन्दर्य का। इस गीत में कवि प्रदीप एक संकेत दे रहे हैं कि सुबह का वातावरण मंगलमय होता है। प्रकृति का प्रांगण उल्लासमय होता है। यह मांगल्यता और उल्लासमयता ही हमारे सम्पूर्ण जीवन का केन्द्र है। उस दौर के कवि प्रदीप ने कोमल गीत बहुत लिखे। परिणामस्वरूप उनकी एक बारह कविताओं की चर्चित कृति गीतमंजरी प्रकाशन में आई।

कवि प्रदीप के गीतकाव्य में विलक्षण सरसता एवं ऋजुता है। उनमें छायावदी गीतों की-सी स्वप्निलता, वायवीयता और चटकीले दिवास्वप्न नहीं है। उनके गीतकाव्य में अप्राप्ति से जनित पीड़ा और कुंठा के स्थान पर मनुष्यता, देश, सम्पूर्ण समाज के प्रति विनयी भाव है। हम कह सकते हैं कि उनका प्रकृत क्षेत्र राष्ट्रीय, सामाजिक, समरसता और मनुष्यता के विलयन में रसा-पगा है। शिल्प की दृष्टि से देखें, तो उनके काव्यगीत कविता की तरह ही संक्षिप्तता और संगुप्तिता को अपने कलेवर में लिए हैं। उनका लघुपद विन्यास जितना उदात्त है, उतना सम्प्रेष्य भी। उनका गीत साहित्य हमें बोध देता है कि उनका रचनाकार केवल कल्पना में विचरण नहीं करता वरन जमीनी यथार्थ और सामाजिक विद्वेष के प्रति पूर्ण सजग और संवेदनशील है।

स्वच्छ सामाजिक व्यवस्था के लिए समर्पित उनका समूचा गीतकाव्य विद्रोह, विश्वबन्धुत्व, दिशा संवेदना से भरा-पूरा है। भले ही बोध की दृष्टि से यह सहवर्ती

काव्य सरणियों से पूरक जान पड़ता है, पर शिल्प में वही मुक्त छन्द, लय-गति संयुक्त और सपाटबयानी से लबरेज है। वे स्वस्थ समाज की खोज में निकले अनथक धावक है। जो निरन्तर बिना किसी सामाजिक दबाव, प्रभाव के अपनी दिशा में आगे बढ़ रहे हैं। हम यह भी कह सकते हैं कि कवि प्रदीप के गीत भारत की रसभूमि के केन्द्र से उठे हैं। एक तरह से वे भारतीय लोकजीवन के रस-प्राण हैं। नीरज ने नई कविता और गीत के सम्बन्ध में कहा था कि नई कविता और गीत एक-दूसरे के विरोधी नहीं हैं। एक-दूसरे के पूरक हैं। नई कविता से जो कुछ छूट गया है उसे वाणी दी है गीत ने। कवि प्रदीप के गीत साहित्य के सन्दर्भ में भी यही तथ्य उचित जान पड़ता है कि उस समय की काव्य संवेदना की अभिव्यक्ति में जो कुछ छूट रहा था, कवि प्रदीप जैसे गीतकार ने उस रिक्तता को भरने की भरपूर कोशिश की।

उनके गीतों की संक्षिप्तता संकीर्णता की द्योतक नहीं है, वरन वह उनके गीत के कसाव के लिए जरूरी जागरूकता को व्यक्त करती है। उनके गीतों में भारतीय जीवन के प्रति अभिव्यक्त आत्मीयता एक नई रसज्ञ वाणी का विधान रचती है। कवि प्रदीप के गीत इस तथ्य का शानदार उदाहरण हैं कि कैसे महानगर जीवन में रहते हुए भी वे लोकजीवन, प्रकृति और मनुष्य जीवन की अनुभूतियों और सुख-दुख से नाभिनालबद्ध जुड़े रहे। प्राय: देखा-पाया यह गया है कि फिल्मी और लोकप्रिय गीत की मुख्यधारा में जाने के बाद गीतकार अपनी विधा के आधारभूत मन्तव्यों से भटक जाते हैं। उनमें यह भटकाव नहीं आया। प्रश्न उठ सकता है कि ऐसा क्यों? इसके उत्तर में कहा जा सकता है कि अपनी विधा और विचार को लेकर उनकी दृष्टि साफ और स्पष्ट थी। वे कहते थे कि फिल्म हो या राजनीति गन्दी बातों को एक दिन जनता उठाकर फेंक देती है। उनके अन्तरतम में छिपी इस प्रवृत्ति को महाप्राण सूर्यकान्त त्रिपाठी निराला ने पहचानकर ही फरवरी 1938 के माधुरी अंक में कवि प्रदीप पर एक लेख 'नवीन कवि प्रदीप' शीर्षक से लिखा। जिसमें उन्होंने लिखा कि "आज जितने कवियों का प्रकाश हिन्दी में फैला हुआ है, उनमें कवि प्रदीप का दीपक अत्यन्त उज्ज्वल और स्निग्ध है। हिन्दी के हृदय में प्रदीप की रागिनी कोयल और पपीहे को परास्त कर चुकी है। मैं काव्य में जिन गुणों के लिए विरोधियों से वर्षों विवाद करता रहा हूँ प्रदीप ने अपनी रचना कुशलता और आवृत्ति से क्षणमात्र में उस धारा की पुष्टि कर दिखाई है।" 12 जनवरी, 1942 को कवि प्रदीप को लिखे एक पत्र में प्रख्यात गीतकार शिवमंगल सिंह सुमन ने लिखा कि—"आज तो तुम्हारे गाने दसों दिशाओं में गूँज रहे हैं। उनके विषय में जितना भी कहूँ थोड़ा है।"

कवि प्रदीप व्यापक जीवन में फिल्मों की प्रभावी भूमिका को भली-भाँति जानते थे। एक स्थान पर स्वयं उन्होंने लिखा है राष्ट्रीय एकता तथा हिन्दी प्रचार के महत्त्वपूर्ण कार्यों में संलग्न फिल्मों ने अनपढ़ जनता तक पहुँचकर देश और समाज की बड़ी सेवा की है। जनतंत्र के अनुकूल आज उत्तरदायित्व पहचानकर फिल्मी लोग राष्ट्र का बड़ा भला कर सकते हैं। संस्कार और सदाचार को भी यदि मनोरंजन का अंग मान लें, तो इतिहासकार उनकी सेवाओं का स्मरण करते रहेंगे। अपने दीर्घ फिल्मी जीवन की यात्रा में आ रही गिरावट के बारे में वे न केवल सजग थे बल्कि उसके बारे में उनकी राय पूर्णत: पारदर्शी और साफ थी। वे कहते हैं—"पहले संगीतकार एक दर्जी की तरह था, जो गीतों के आकार-प्रकार को देखते हुए उनके नाप का कपड़ा सीता था। यानी धुन बनाता था। अब संगीतकारों ने रेडीमेड गारमेंट की दुकान खोल ली है। वह रेडीमेड धुन गीतकार को देते हैं और कहते हैं कि इसमें अपने गीत के शरीर को घुसाओ। कपड़ा घटे या शरीर को कष्ट हो, इसकी परवाह उन्हें नहीं।"

इसलिए उनका गीतकार सभी तरह के घटाटोपों और आडम्बरों से बचता हुआ कहता है—

चल-चल रे नवजवान
दूर तेरा गाँव और थके पाँव
फिर भी तू हरदम, आगे बढ़ा कदम
रुकना तेरा काम नहीं, चलना तेरी शान
चल-चल रे नवजवान

एक सुखद संयोग यह भी है कि मुझे भी अपने बचपन में अमर गीतकार कवि प्रदीप के साथ लगातार सात दिन साहचर्य का अवसर मिला। 1986 की गर्मी की छुट्टियों में हमारा परिवार बम्बई की यात्रा पर था। वहाँ हमारा आवास मेरा ननिहाल प्रसिद्ध चरित्र अभिनेता बी. एम. व्यास के यहाँ था। उस समय मेरी आयु तेरह वर्ष थी और मैं कक्षा आठ का विद्यार्थी था। कवि प्रदीप प्रतिदिन शाम के निश्चित समय मेरे ननिहाल विले पार्ले स्थित वसन्त विला में सन्ध्या भ्रमण के लिए आते थे। वे आते और नानाजी के साथ चाय-पान करते और फिर दोनों एक साथ घूमने को निकल पड़ते। मुझे याद है कि उन दिनों ननिहाल में मैं और मेरी बहन ललिता ही छोटे बच्चे थे। वे मेरी माँ और पिताजी से बेटी-दामाद की तरह पेश आते और पिताजी से संवाद करते हुए उन्हें कुछ जीवन सूत्र सलाह के रूप में देते। हम

दोनों भाई-बहनों के सिर पर हाथ फेरकर बतियाते। और यह कहना नहीं भूलते कि पढ़-लिख कर बड़ा आदमी नहीं बड़ा इनसान बनना है। हम नित्य उनकी गोद में अपना सर झुकाकर उनका स्नेहिल स्पर्श पाते। दो बार तो वे हमारे लिए खाने-पीने का कुछ सामान भी लेकर आए। और हाँ, सैर पर रवाना होते वक्त हाथ हिलाकर हमें विश करना कभी नहीं भूलते। उस समय मुझे और मेरी छोटी बहन को यह किंचित ही अहसास नहीं था कि हम जिस व्यक्ति का सहज, स्नेह और साहचर्य पा रहे हैं वह हिन्दुस्तान के इतिहास गगन का एक अनूठा नक्षत्र है।

जवाहरलाल नेहरू : अनन्य राजनेता

हर समृद्ध संस्कृति अपने अजस्र प्रवाह में अनेक धाराओं की एक महाधारा होती है। उन्हीं धाराओं के परस्पर टकराव और संयोग से संस्कृति का स्वरूप विन्यस्त होता है। हमारी अपनी संस्कृति के निर्माण में वैविध्य और वैशिष्ट्य का रास्ता यह विचार, समाज और भाव की विविध प्रक्रियाओं का परिणाम है।

संस्कृति के निर्माण की प्रक्रिया में राजनीति की भूमिका महत्त्वपूर्ण होती है। इसलिए एक सुलझा हुआ राजनेता अपने समय और समाज का अन्वेषण करने के लिए इतिहास संस्कृति की अपनी समझ को परिपक्व बनाता है। आधुनिक भारतीय राजनीति के इतिहास पुरुष नेहरू उन गिने-चुने राजनेताओं में अग्रणी ही नहीं वरन नेतृत्वकर्ता रहे हैं जिन्होंने अपनी इतिहास और संस्कृति की परिपक्व समझ से अपने देश और समाज को भली-भाँति जाना और समझा तथा स्वयं को इस हेतु पूरी तरह समर्पित कर दिया। क्योंकि पंडित नेहरू केवल राजनेता मात्र नहीं थे। वे इतिहासकार, विचारक, लेखक और ज्ञान-अनुशासनों के प्रति समर्पणशील वैज्ञानिक विवेक के पर्याय भी थे। इसलिए वे स्वतंत्र भारत के निर्माण में भाषा, शिक्षा, विज्ञान और संस्कृति की निर्णायक भूमिका का महत्त्व भी समझते थे।

उनका इतिहासमर्मी मन यह समझने में कामयाब रहा कि पश्चिम के लगाए, गढ़े और जबरिया लादे यह आरोप कि भारतीय एकता आरोपित और कृत्रिम है, मौलिक नहीं, ये तथ्य बेबुनियाद और निराधार हैं। वे यह भी भली-भाँति समझ चुके थे कि भारतीय अस्मिता वस्तुत: अपने मूल से ही सांस्कृतिक रही है, राजनीतिक नहीं। क्योंकि किसी भी प्रकार की राजनीतिक एकता में टूट-फूट की प्रक्रिया निरन्तर गतिमान रहती है। यह इसलिए होता है क्योंकि यह प्रत्येक राजनीतिक-प्रक्रिया का मूल स्वभाव है। इसलिए अपने समय की चालीस करोड़ भारतीय जनता को ही वे

अपनी भारतमाता मानते हैं। वे स्वभाव से बहुलतावादी संस्कृति के उन्नायक थे। वे भारतीय ज्ञान परम्परा के इस महत्त्वपूर्ण सूत्र में पूरी आस्था रखते थे कि कोई भी सत्ता चाहे वह धर्म, जाति, नस्ल, भाषा, वर्ण, वर्ग आदि की हो, जो सिर्फ स्वयं को श्रेष्ठ और नेतृत्व के लिए समर्पित मानती हो, कभी भी वरेण्य नहीं हो सकती। इसलिए उनके दर्शन और सोच के केन्द्र में सदैव बहुवचनीयता प्रधान रही।

अपनी जीवन यात्रा और अनुभव से उन्होंने जाना था कि किसी भी संस्कृति की अस्मिता के दो प्रमुख घटक उसके स्वप्न और स्मृति होते हैं। इसलिए उनके यहाँ इतिहासबोध है, इतिहासग्रस्तता नहीं। उन्हें स्वप्नद्रष्टा इसीलिए कहा गया क्योंकि उन्होंने अपने अतीतबोध की स्मृति के सहारे सुनहरे स्वप्न देखे ही नहीं वरन उन्हें साकार किया, जिस पर आज हर भारतीय को अपनी गरिमा का अहसास है। एक बार एक पत्रकार ने जब उनसे पूछा कि आपकी सर्वोच्च सफलता क्या है? इस प्रश्न का उत्तर देते हुए उन्होंने जो कहा उसे जानकर हमें आश्चर्य होगा। उन्होंने अपने उत्तर में किसी तरह के आँकड़े, योजनाएँ, बजट आदि का उल्लेख नहीं किया वरन कहा कि 1947 के तूफान में लड़खड़ाए भारत के जहाज को मैंने स्थिरता प्रदान करने की कोशिश की, ताकि आम-अवाम अमन और चैन से जीवन-बसर कर सके। मैं ऐसी स्थिति लाने में कामयाब रहा।

क्या यह उत्तर उन आलोचकों के लिए करारा जवाब नहीं है जो उनकी योग्यता, क्षमता और परिपक्वता के बजाय केवल गांधी के आशीर्वाद को अधिक महत्त्व देते हैं? क्या यह गांधी के सच्चे उत्तराधिकारी का उत्तर नहीं है? क्या यह बापू की उस भविष्यवाणी का प्रमाण नहीं है जिसमें बापू ने कहा था कि मेरे न रहने पर जवाहर मेरी भाषा बोलेगा। क्या यह उत्तर बापू की भाषा नहीं है?

हमें ध्यान रखना है कि नेहरू की औपचारिक शिक्षा भले ही विदेश में हुई हो, पर उनकी राजनीतिक शिक्षा और संस्कार की स्थली भारत का ग्राम समाज ही रहा। इसके भी मूल में गंगा, हिमालय और गौतम की वह त्रिवेणी है, जिनसे नेहरू जीवन्तपर्यन्त सर्वाधिक प्रभावित रहे। इसीलिए करुणा, उदारता, भव्यता और बहादुरी उनके अनूठे व्यक्तित्व का अभिन्न हिस्सा रहे। अपनी वसीयत में जब वे लिखते हैं कि मेरी देह की भस्म को इस भू-धरा के विविध-भागों में बिखेर देना। क्या हमने कभी सोचा कि वे ऐसा क्यों कह रहे हैं? क्या यह उनका अभिमान बोल रहा था। या फिर प्रेम, करुणा और त्याग से भरे एक समर्पित मन की करुण पुकार थी यह। वे वैज्ञानिक दृष्टि के धनी थे। इसलिए उन्हें एहसास था कि मेरी मिट्टी से

भारत की अनुपजाऊ मृदा उपजाऊ नहीं होगी, समुद्र-नदियों का खारा पानी मीठा भी नहीं होगा। फिर भी वे ऐसा कह रहे हैं। क्योंकि उन्हें चालीस करोड़ भारतीयों से बनी जीवन्त भारतमाता के कण-कण, कोने-कोने, चप्पे-चप्पे से प्रेम था। यहाँ का भूगोल प्राकृतिक संसाधन हो या खेत-खलिहान वे अपनी भारतमाता के साथ जीवन्त जीवन में ही नहीं जीवन के बाद भी जीवन में एकमेक रहना चाहते थे। इसलिए उन्होंने अपनी भस्म को इस अनूठी भू-धरा पर बिखेरने की इच्छा जताई। नेहरू का व्यक्तित्व अनन्य अन्वेषी का रहा। अन्वेषण की यह प्रक्रिया उनके समूचे जीवन में देखी-समझी जा सकती है। पिता के पत्र : पुत्री के नाम, विश्व इतिहास की झलक (दो भाग), भारत की खोज, राजनीति से दूर, इतिहास के महापुरुष, राष्ट्रपिता जैसी अमर कृतियों का रचयिता क्या उनके अपने समय और समाज के प्रति प्रश्नाकुल रहने वाले आत्मसन्धानी की खोजयात्रा का परिणाम नहीं है?

चक्रवर्ती राजगोपालाचारी ने उनकी मृत्यु के पश्चात श्रद्धांजलि देते हुए ठीक ही कहा था कि हमारे बीच से आखिरी सभ्य और सुसंस्कृत नेता चला गया। इस वाक्य में यह अन्तर्निहित है कि नेहरू इन अर्थों में अपनी तरह के विरल राजनेता थे जो शासन और प्रजा के संवेदनात्मक सम्बन्ध को न केवल जानते-समझते थे बल्कि उनका सम्पूर्ण जीवन इस सम्बन्ध की पवित्रता को बचाए रखने के लिए समर्पित जीवन था। किसी आवेश या चमत्कार की वजह से नहीं वरन उनके इन अद्‌भुत मानवीय गुणों और मूल्यों के प्रति समर्पण को देखते हुए ही भगतसिंह ने 1929 में कीर्ति पत्रिका में लिखे अपने एक लेख में पंजाब के युवाओं को सम्बोधित करते हुए कहा कि आज हमारे सामने दो नेता हैं—सुभाषचन्द्र बोस और जवाहरलाल नेहरू। सुभाषबाबू भावुक राष्ट्रवादी हैं और नेहरू वैज्ञानिक दृष्टिसम्पन्न अन्तरराष्ट्रीयतावादी। अत: युवाओं को अपनी दिमागी खुराक बढ़ाने के लिए पंडित जवाहरलाल नेहरू के साथ जाना चाहिए। आज हमें भगतसिंह के कहे को पुन: स्मरण करते हुए अपने भावी जीवन की राह पर पंडित नेहरू की वैज्ञानिक एवं अन्तरराष्ट्रीयतावादी रीति-नीति के साथ आगे बढ़ना है।

रेणु : विद्रोही सन्त

भाषा का सम्बन्ध अनुभूति से है। इसलिए हमारी अनुभूति का प्रभाव हमारे विचार की संरचना पर पड़ता है। अतः विद्वानों का मानना है कि हमारे द्वारा प्रयुक्त वाक्य संरचना, विशेष ध्वनियाँ आदि भाषा के सभी अंग-उपांग केवल अभिव्यक्ति तक सीमित नहीं है। उनका सम्बन्ध हमारे सोच एवं व्यवहार से भी है। कहा जा सकता है कि भाषा की संरचना से उसके प्रयोक्ता की अनुभव विधि, अवलोकन क्षमता और उसकी प्राथमिकताओं के बारे में भली-भाँति जान सकते हैं।

शब्द शिल्पी रेणु की भाषा में लोकभाषा भोजपुरी, अंगिका, नेपाली और बांग्ला आदि का मिश्रित रूप है। ऐसा नहीं है कि रेणु का रचनाकार खड़ी बोली से परहेज कर रहा था या करता था, बल्कि आप गौर से देखेंगे कि उनके प्रमुख उपन्यासों तथा मैला आँचल, परती-परिकथा के बहुतेरे पात्र हिन्दी बोलते हैं। यह हिन्दी उनके अपने परिवेश की समन्वित हिन्दी है। यानी रेणु का सजग रचनाकार चरित्रों की सामाजिक स्थिति, उनकी भूमिका को समझते हुए भाषा की रचना करता है। उच्चारण में गँवई गन्ध और लहजे का प्रयोग उनकी नवोन्मेषी प्रवृत्ति का परिचायक है। इस तरह का भाषिक व्यवहार वही रचनाकार करता है जिसका सम्बन्ध अपनी सामाजिक संरचना के साथ बेहद आत्मीय और सघन हो। जिसे आलोचकों के वर्ग ने स्थानीयता का प्रभाव कहकर यथार्थ वर्णन की शैली कहा है, दरअसल उस तरह का भाषाई व्यवहार रचनाकार और उसकी सामाजिक संरचना के अभिन्न तत्त्व का प्रमाण है जिससे स्थानीयता का यथार्थ तो स्थूल रूप से उभरकर आता ही है, साथ ही एक ही रचना में भाषा के विविध आयामों पर काम करने की सम्भावनाओं की चुनौती का प्रमाण भी दिखाई देता है। अपनी नवोन्मेषी दृष्टि के माध्यम से रेणु ने इसे पूरा कर दिखाया।

रेणु इस नवोन्मेष को इसलिए सम्भव कर पाए क्योंकि उनके लिए अपनी धरती और उसका स्पर्श, उसकी गन्ध, उनकी प्रतिबद्धता अत्यन्त सघन हैं। रेणु के रचनाकार के रोम-रोम में उनका ग्राम्य परिवेश और लोकजीवन रचा-बसा है। यहाँ प्रश्न उठ सकता है कि रेणु ने इस तरह का रंग अपनी भाषा में क्यों भरा? इसका उत्तर है कि उनका रचनाकार अपने क्षेत्र के अन्तिम पायदान पर खड़े व्यक्ति तक पहुँचना चाहता है साहित्यशास्त्रीय पदावली में कहें तो साधारणीकरण का उनका लक्ष्य भी इसी से सम्पन्न होता है। दूसरे, उनके ग्रामीण पात्रों द्वारा तत्सम् शब्दों के उनके विशिष्ट प्रयोग से रचनाकार वर्गों के बीच की खाई को पाटना चाहता है। यानी वे शिक्षित और अशिक्षित के बीच पनपी खाई को पाटने का प्रयत्न कर रहे थे। उनके चरित्रों की भाषा, पात्रों की सांस्कृतिक समझ और सामाजिक हैसियत को भी उभारती चलती है।

वे नगरीय और ग्राम्य संस्कृति के बीच के फर्क को भी हमारे सामने रखते चलते हैं। जगह-जगह ठेठ देसी बोली का ठाठ दिखाकर रेणु अपने पाठक को एक ऐसे संसार में ले जाते हैं जो भाषा की वाचिक परम्परा और रसग्रहण की प्रक्रिया से जुड़ा है। इसलिए हमारे जैसा शहरी पाठक जब रेणु के मेरीगंज और परानपुर के लोक में प्रविष्ट होता है, तो धीरे-धीरे आगे बढ़ते हुए वह लोक संस्कार से संस्कारित होता पूर्णिया अंचल के साथ अपना तादात्म्य स्थापित कर लेता है। रचना के अन्तिम छोर तक आते-आते तो वह स्वयं को मेरीगंज या परानपुर का नागरिक समझने लगता है। यानी वह रेणु के लोक और जातीय संस्कार से स्वयं को अभिन्न महसूस करता है। रेणु के शिल्पी का यही सूत्र उसे स्थानीय से वैश्विक रचनाकार में रूपान्तरित करता है। परिणामस्वरूप हम देखते हैं कि रेणु के उपन्यास और कथा साहित्य को देश-विदेश की अनेक भाषाओं में अनूदित कर पढ़ा और पढ़ाया गया।

रेणु का रचनाकार अपनी रचना-प्रक्रिया में अपनी लोक संस्कृति के पूरे वैभव को प्रकट करता चलता है। इसलिए रेणु के रचना संस्कार में स्थान-स्थान पर अपने अंचल की लोकधुन, होली के गीत, विद्यापति का संगीत आदि मिलेंगे। दरअसल इनका प्रयोग साझा संसार के साकार अनुभव की प्रगाढ़ प्रतीति को साक्षात करने की अनन्य कोशिश है। उपन्यास साहित्य के विशेष सन्दर्भ में फार्म संरचना के स्तर पर किया गया यह प्रयोग भी एक समन्वित दर्शन की पीठिका पर खड़ा है। रेणु के उपन्यासों में लोक कथातत्त्व, किस्सा शैली, नौटंकी आदि को समन्वित कर हिन्दी उपन्यास के नए फार्म और संरचना के सामने लाया गया है। रेणु की कोशिश है

कि उनका पाठक केवल एक दर्शक या श्रोता की तरह उनके साहित्य से न जुड़े, बल्कि एक सहभागी के रूप में रचना संसार के साथ अपनी उपस्थिति महसूस करे।

ग्राम्यजीवन की उपस्थिति की यह प्रभा सहृदय को भारतीय परम्परा के मूल स्वरों से जोड़ती है। यह जुड़ाव ही हमें अपने अस्तित्व के बोध की प्रक्रिया से गहरे जोड़ता है। रेणु यह प्रमाणित करते हैं कि यदि मनुष्य को अपने अस्तित्व और उसकी क्रमिक यात्रा का सहभागी होना है, तो हमें निश्चित रूप से अपनी सांस्कृतिक जड़ों से जुड़ना होगा। क्योंकि अस्तित्व के साथ हमारे जुड़ने की प्रक्रिया में अनेक साभ्यतिक बाधाएँ आ रही हैं। अत: हमारा आँचल मैला हो गया है। रेणु का रचनाकार हमें अपनी परम्परा से जोड़कर उस मैले आँचल को उज्ज्वल कर ज्यों की त्यों धर दीनी चदरिया की ओर प्रेरित करता है।

अनेक बीमारियों से जूझते हुए भी सामाजिक क्रान्ति के लिए समर्पित अपने जीवन में रेणु कई आन्दोलनों के सक्रिय कर्णधार रहे। इसी कारण अपने अंचल के अन्तरमन से उनका रागात्मक रिश्ता बना और उस रागात्मक रिश्ते के सत्त्व से सृजन विश्व की अन्यतम कृतियाँ हमारे सामने आईं। इसीलिए उनके पात्र पाठक के साथ संवाद कायम करने में कामयाब रहते हैं।

लोकमन में उनकी गहरी पैठ और लोकप्रियता के कारण ही हिन्दी सिनेमा का ध्यान उनकी तरफ गया और सुख्यात सिने निर्देशक बासु भट्टाचार्य ने उनकी चर्चित कहानी तीसरी कसम पर फिल्म बनाई। वर्ष 2017 में भी पंचलैट नाम से आई फिल्म उनकी कहानी 'पंचलाइट' पर आधारित थी।

अपने अंचल के भू-दृश्यों, सामाजिक, आर्थिक, राजनीतिक के साथ-साथ जीवन की अनेक परिस्थितियों और आयामों का जितना सजीव अंकन रेणु ने किया है उसी को देखते हुए हिन्दी के शलाका पुरुष अज्ञेय ने उन्हें धरती का धनी कहा। यह भी जानना दिलचस्प होगा कि रेणु ने खुद एक कृषक का जीवन भी जीया। इसलिए कृषक जीवन की तमाम जानकारियाँ उनके सामने थीं। यह तो हम जानते ही हैं कि हर बड़ा रचनाकार संवेदनशील, अभिव्यक्ति कुशल, परकाया प्रवेश, सूक्ष्म निरीक्षण क्षमता के साथ-साथ दृष्टि में समग्रता के बोध से संस्कारित होता है। रेणु के रचनाकार के पास भी यह सब था, पर केवल था नहीं वरन उनके व्यक्तित्व की अद्भुत विशेषता यह थी कि उन्होंने इन समस्त गुणों का बेहतर प्रबन्धन अपने सृजन जीवन में किया। यह विलक्षणता ही उन्हें एक कालजयी रचनाकार के रूप में स्थापित करती है। इसी कारण ही उन्होंने ग्रामवासिनी दैन्य भारत माँ की अनन्त

सौन्दर्य से भरी अखूट सम्भावनाओं को हमारे सामने रखा। उनके प्राकृतिक वर्णन इसकी बानगी हैं। 23 अप्रैल, 1974 को दिनमान में उन्होंने लिखा कि मैंने आजादी की लड़ाई आज के भारत के लिए नहीं लड़ी। अन्याय और भ्रष्टाचार अब तक मेरे लेखन के विषय रहे हैं और मैं सपने देखता हूँ कि यह कब खत्म हो। हालात आज भी वही है जिन पर लगभग पाँच दशक पूर्व रेणु का रचनाकार चिन्तनरत था। बदलाव का यह सपना आज हर वह सजग और समर्पित भारतीय देख रहा है, जो देश और व्यवस्था से अन्याय, असमानता और भ्रष्टाचार की विदाई देखना चाहता है।

रेणु को हिन्दी के अप्रतिम कथापुरुष निर्मल वर्मा ने सन्त स्वभाव का लेखक कहा। सब जानते हैं कि उन्होंने चुनाव भी लड़ा, वे हारे भी, उनके समकालीन अनेक समाजवादी साथियों ने जुगाड़ राजनीति की गोद और राह थामी, पर रेणु इससे दूर ही रहे। उनकी राह स्वाभिमान की राह थी। इसलिए वे सत्ता के आकर्षण से सदैव मुक्त रहे, बल्कि उन्होंने तो बिहार के लिए किए आन्दोलन के दौरान न केवल अपना पद्मश्री ही लौटाया बल्कि तत्कालीन राज्यपाल को अपनी पेंशन न लेने के लिए भी पत्र लिखकर लेखकीय स्वाभिमान की अनूठी मिसाल पेश की। बतौर पाठक जब मैं उनके साहित्य से गुजरता हूँ तो उसमें संसरित निश्छल प्रेम, समर्पण, आत्मीयता और ईमानदारी को देखकर वे मुझे एक विद्रोही सन्त के रूप में दिखाई देते हैं। उनका समूचा साहित्य मानवीय मूल्यों की गहरी बुनियाद पर खड़ा है और युगों-युगों तक आबाद भी रहेगा।

कपिला वात्स्यायन : परम्परा की मौलिक व्याख्याकार

सफलता हमारे समय का सर्वाधिक पसन्दीदा, लोकप्रिय व कहा-सुना-लिखा जाने वाला शब्द है। आज हर व्यक्ति सफल होने की होड़ में है। सफलार्थियों की सूची में शामिल होना हमारे समय की बड़ी माँग है। पर इसी समाज में कुछ चरित्र ऐसे होते हैं जो भीड़ से हटकर अपने जीवन को समाज के लिए अर्पित कर देते हैं। हम कह सकते हैं कि उनके मन, वचन और कर्म का केन्द्र व्यापक समाज हो जाता है। ऐसे लोग सफल नहीं सार्थक कहे जाते हैं। फ्रायड से जब सफलता के बारे में पूछा गया तो उन्होंने कहा था कि यह एक तरह का मानसिक रोग है, पागलपन है। उसने सफलता के बरअक्स सार्थकता को महत्त्व दिया। हमारे समय में कला-संस्कृति के इतिहास ही नहीं वरन समूचे सांस्कृतिक परिदृश्य में सार्थकता के पर्याय कुछ व्यक्तियों के नाम गिने जाएँ, तो निस्सन्देह कपिला वात्स्यायन वे विदुषी हैं जिनकी अद्वितीयता को लेकर कोई सन्देह नहीं। उनका प्रेरक, असाधारण व्यक्तित्व, समावेशी कर्तृत्वबोध से भरा था। हम कह सकते हैं कि उनका सम्पूर्ण जीवन 'ज्ञानः भारः क्रिया बिना' उक्ति की जीवन्त मिशाल रहा। वे अपनी संज्ञाओं को क्रियाओं में जीने वाली विदुषी थीं। आचार्य हजारीप्रसाद द्विवेदी और वासुदेवशरण अग्रवाल के सान्निध्य में उनका प्रारम्भिक प्रशिक्षण रहा। जिसके कारण उनके व्यक्तित्व में विचार और विवेक का मानवीय संयोजन सम्यक् बन पड़ा। उनका पूरा जीवन संवेदना के मूर्तिकरण का अप्रतिम उदाहरण है। उनका संवेदनशील आत्मअनुशासित और अध्यात्मकेन्द्रित व्यक्तित्व उन्हें एक श्रेष्ठ भावक बनाता है।

कपिला वात्स्यायन अनेक क्रियाओं की एक संज्ञा हैं। उनका व्यक्तित्व संस्थावत

है। कोई भी व्यक्तित्व जब सेवा, संवेदना और सहकार को जब अपने में एकाकार कर लेता है तो उसकी क्रियाशीलता और कल्पना से अनेक संस्थाओं, उद्यमों और दायित्वों को सही दिशा व गति स्वयमेव ही मिल जाती है। कर्म और समर्पण उनके जीवन का मूल सत्त्व रहा। अपने समर्पित कर्म के कारण उन्होंने भारतीय संस्कृति और परम्परा के अध्येताओं के लिए एक साफ-सुथरे पथ का निर्माण किया। वे हमारे समय के उन गिने-चुने व्यक्तित्वों में अग्रणी रहीं जिन्हें हम दृष्टा कह सकते हैं। उनका लिखा, कहा—कला, साहित्य और दर्शन की त्रिवेणी है। जो सहृदय के मन, बुद्धि और आत्म को एक साथ तृप्त करता है। उनकी दृष्टि निरी शास्त्रीयता से लदी नहीं है वरन उसमें वैज्ञानिकता का उज्ज्वल आलोक है। खोज को उनकी जीवन यात्रा का केन्द्रीय पद कहा जा सकता है। उन्होंने जिन-जिन क्षेत्रों में कार्य किया, चाहे वह प्रशासनिक, साहित्यिक-सांस्कृतिक अथवा अकादमिक—स्वयं को मील का पत्थर साबित किया। वे आजीवन संस्कृति की श्रेष्ठतम सम्भावनाओं को साकार करने में लगी रहीं। वे हमारे समय में सार्थकता की संस्कृति की मूर्तिमन्त रूप थीं। उन्हें अपने सुदीर्घ जीवनकाल में राधाकृष्ण, जाकिर हुसैन, पं. नेहरू, के. एल. श्रीमाली, वी. के. अरवी राव से लेकर इन्दिरा गांधी और राजीव गांधी जैसी अनेक गण्यमान्य हस्तियों के साथ कार्य करने का अवसर मिला।

स्वयं के व्यक्तित्व को सत्ता के आकर्षण से मुक्त रखना उनकी बड़ी उपलब्धि थी। अपनी उत्कट प्रतिभा के दम पर ही उन्हें 1955 में यानी मात्र 27 वर्ष की आयु में पद्मभूषण मिला। 1987 में उन्हें पद्मविभूषण भी दिया गया। हस्तशिल्प को बढ़ावा देने के लिए उन्हें 1977 में यूनेस्को से पुरस्कार मिला। लेखन, संपादन, चिन्तन में रसा-पगा उनका जीवन अपने आप में एक अनूठी कहानी है।

गीतगोविन्द पर उन्होंने अपने जीवन के 60 वर्ष व्यतीत किए। गीतगोविन्द पर किया गया उनका कार्य और पुस्तकें इसकी साक्षी है। उन्होंने थिएटर भी किया। वे उच्चकोटि के गुरुओं से प्रशिक्षित अनुपम नर्तकी भी थीं। अपने जीवन काल में उन्होंने सदैव ही स्थापित मानदंडों के बरअक्स विद्रोही तेवर अपनाए और अपने प्रेम व जुनून के कारण संगीत, नृत्य और कला के क्षेत्र में अनेक आयाम स्थापित किए। वे राज्यसभा की सदस्य भी रहीं। अनेक विश्वस्तरीय भारत प्रसिद्ध संस्थाओं के निर्माण में उनकी भूमिका महत्त्वपूर्ण रही।

उनका सम्पूर्ण जीवन संकीर्ण सामाजिक और आर्थिक बन्धनों से संघर्ष करने वालों के लिए समर्पित रहा। वे कुछ समय तक हिन्दी के अनन्य कवि अज्ञेय

की जीवनसंगिनी भी रहीं। उनकी सम्पूर्ण सांस्कृतिक यात्रा में कभी कोई कमी या दिशाहीनता दिखाई नहीं देती।

उनका जाना हमारे सांस्कृतिक परिदृश्य और कला इतिहास की एक अविस्मरणीय क्षति है। हालाँकि उनका अधिकांश लेखन अंग्रेजी में रहा, पर उनकी सोच के केन्द्र में भारत और भारतीय संस्कृति ही रहे।

साहित्य का निर्मल अध्यात्म

निर्मल वर्मा हिन्दी के उन गिने-चुने रचनाकारों में अग्रणी हैं जो अपनी कलम आत्मा में डुबोकर लिखते हैं। भाषा और शब्दों के माध्यम से वे अपने परिवेश को जीवन्त स्वरूप में उकेरकर हमारे आत्म में कुछ नया जोड़ते हैं। वे अपने पाठक को ठीक वही नहीं रहने देते, जो उनके साहित्य को पढ़ने के पूर्व में वह था।

किसी भी श्रेष्ठ रचनात्मक व्यक्तित्व की पहचान यह होती है कि वह अस्तित्व के पर्यवेक्षण की प्रक्रिया कैसे सम्पन्न करता है? वह अपने समय की समस्याओं में कैसे प्रवेश करता है? वह विरोधाभासों के बीच कैसे एकत्व की साधना को साकार कर दिखाता है? निर्मल वर्मा हिन्दी के ऐसे विरल लेखक हैं जो स्वयं के साथ-साथ अपने पाठक/भावक के लिए अपनी हर रचना में नई आकाशगंगा और नया ब्रह्मांड ही नहीं रचते बल्कि उसे स्वयं को महसूस भी कराते हैं।

वे हिन्दी के ही नहीं वरन विश्व साहित्य के उन अद्भुत लेखकों में हैं जो अस्तित्व के भाषाई सीमान्त के पार की अनुभूतियों को भाषा के सीमान्त में लाकर व्यक्त करने में सफल हुए हैं। इन अर्थों में वे अज्ञेय की इन काव्य पंक्तियों "है अभी कुछ और है, जो अभी नहीं कहा गया" को कहने की पूरी चेष्टा अपने साहित्य में करते हैं।

निर्मल वर्मा के माध्यम से उनके पाठक उस दिग-दिगन्त की यात्रा को पूरा करते हैं। जहाँ पहले कोई गया ही नहीं। उनकी अभिव्यक्ति अनुभव की अपूर्व अभिव्यक्ति है। वे अन्तरतम के बीहड़ में भटकते नहीं, रमते हैं। उनको पढ़ना एक ऐसा नशा है कि जो पाठक के संस्कार और रूपान्तरण को लगभग अवश्यंभावी बना देता है।

उनके लेखन के बारे में कहा जाता है कि वे निराकार परिवेश को साकार कर देते हैं। उनकी लेखकीय आँख परिवेश के उन दबे-छुपे स्थलों का भी कोना-कोना झाँक आती है, जहाँ हमारी सजग, खुली आँख भी नहीं जा पाती। दरअसल में वे

परिवेश का चित्रण/वर्णन भर ही नहीं कर रहे होते। वे परिवेश का अंकन करते समय स्वयं परिवेश हो जाते हैं। यह जो स्वयं परिवेश हो जाना है, यही विषय-विषयी का तादात्म्य है। ज्ञाता और ज्ञेय का एक हो जाना है। यह सिर्फ और सिर्फ अनुभव से ही सम्भव होता है। इसके अभाव में सृजन की प्रक्रिया में प्राय: रचनाकार सूचनाओं, ब्योरों और वर्णन पर अटककर ही रह जाता है। उनके लेखक का मूल सत्त्व है कि अनुभव ही ज्ञान है। इतना ही नहीं वरन उनका रचनाकार विवेक इस स्तर पर प्रतिष्ठ था कि जो यह भली-भाँति अनुभूत कर चुका कि अनुभूतिपरक ज्ञान की जिम्मेदारी किसी अन्य ज्ञान के बजाय साहित्य एवं कलाओं में सर्वाधिक है। तभी तो उनका रचनाकार रूपी रिपोर्टर समस्त अस्तित्व में एक ही आत्म के विस्तार की यात्रा का लेखा-जोखा हमारे सामने रखता है।

इसलिए ही उनका रचनाकार हमारे जाने-पहचाने संसार, या कह लें पूर्व कथित ज्ञान का सारतत्त्व नए रूप में हमारे सामने लाता रहता है। उनके पात्र, रचनाएँ सदैव ही कुछ नई तलाश के अस्पर्शी रूप में हमारे सामने लाते हैं। यह नयापन वस्तुत: मानवचेतना के ही आयामों का उद्‌घाटन है। हम कह सकते हैं कि इस प्रक्रिया में वे अनुभव के विविध रंग और छवियाँ हमारे सामने लाते हैं। उनका समूचा साहित्य आत्म के मूल स्वभाव विस्तार का श्रेष्ठतम उदाहरण है। इसलिए हम देखते हैं कि उनकी रचनाओं में मनुष्य का अधूरा मौन अपनी मुखरता और सुदीर्घ जीवन प्राप्त करता है। उनकी चेतना ठहरी, ठिठकी नहीं है, वरन एक विकासशील चेतना है। इसलिए निर्मल वर्मा का साहित्य एक फिलट्रेशन प्लान्ट की तरह है जिसमें से गुजरकर पाठक अपनी मलिनता से मुक्त होकर उज्ज्वलता को अर्जित करता है। वह निर्मल चित्त की सहज प्राप्ति भी इस तरह से कर लेता है। अत: वह बार-बार अपनी मलिनता को धोने और उज्ज्वलता को और निखारने के क्रम में निर्मल साहित्य के सागर में डुबकी लगाता रहता है।

भारतीय परम्परा में सर्जक को दर्शनकार भी कहा गया है। दर्शनकार यानी क्रान्तदर्शी। निर्मल वर्मा सही अर्थों में क्रान्तदर्शी साहित्यकार थे। क्योंकि उनका लेखन पारदर्शी लेखन था। जो देह के परे के अनुभवों पर पड़े परदे को हटाकर, उनको हमारे अनुभव जगत का स्थायी हिस्सा बना देता है।

निर्मल वर्मा के चरित्र आत्मवान, आत्मनिष्ठ और आत्मसमर्पित हैं। काव्यशास्त्रीय पदावली में कहूँ तो वे सचमुच परिभू हैं। परिभू यानी जिस प्रकार समुद्र नदियों को अपने में समा लेता है, उसी तरह समस्त विश्व को अपने प्रेम से पूरित कर देने वाले

रचनाकार को भी परिभू कहा गया है। यानी उनके सर्जक का आत्म ही विश्वरूप है। ऐसा सर्जक सामान्य अर्थों में रचयिता नहीं होकर मुंडकोपनिषद् के क्रियावान एवं ब्रह्मनिष्ठ यानी आत्मवेत्ताओं में भी क्रियावान आत्मवेत्ता के रूप में हमारे सामने आता है। अन्तर्मुखता और चिन्तनपरकता के लिए अकसर कहा जाता है कि ये सृजन के आनन्द को बाधित करते हैं। यह एक हद तक ठीक भी है, लेकिन देखना यह होता है कि जो रचनाकार इन गुणों से सम्पन्न होकर सृजन कर रहा है, उसने इनके सन्तुलन को कितना साधा है? अगर वह इस सन्तुलन को ठीक से साध पाए, तो ही सफल रहता है। अन्यथा वह आनन्द के स्रोत को सूखा क्षेत्र बना देता है। निर्मल के साहित्य की लीनियर रीडिंग में ऐसा आभास हो सकता है, पर जब पाठक सर्कुलर रीडिंग से गुजरेंगे, तो हमारे सारे आभास स्वतः ही दूर हो जाएँगे।

निर्मल साहित्य के चरित्र, उसकी थीम वस्तुतः पल-क्षण बदलते मनुष्य को समझने की विधि भी है। निर्मल वर्मा के यहाँ स्वतंत्रता का तात्पर्य है अपने होने की क्षण-प्रतिक्षण पहचान। अन्तर्जीवन को जितना गहरा, मार्मिक एवं कारुणिक रूप से निर्मल वर्मा साहित्य में व्याख्यायित करते हैं, उतना हिन्दी के बहुत कम रचनाकार कर पाए हैं।

इसका तात्पर्य यह कतई नहीं है कि अन्य के साथ उनका रिश्ता केवल भावात्मक था, बल्कि उनके लेखन से गुजरने पर हम पाते हैं कि उनमें एक कर्तृत्व भाव भी है जो हमें एक भिन्न अनुभव संसार के नागरिक होने के बोध से भर देता है।

निर्मल वर्मा के चरित्र दोहरी अर्थवत्ता लिये होते हैं—एक रागात्मक और दूसरी भावात्मक अर्थात् वे इस स्थापना पर आगे बढ़ते हैं कि ज्ञान और भाव मानव चेतना के अनिवार्य अंग हैं। इसलिए हम देखते हैं कि उनके पात्र हमें सूक्ष्मतर भावों के प्रति सजग और जागरूक बनाते हैं। इसके चलते कई बार सामान्य पाठक को उनका साहित्य अपनी समझ से परे जाता जान पड़ता है। यानी वे अपने पाठक का बौद्धिक संस्कार भी करते चलते हैं। इस प्रक्रिया में जब भी उनका रचनाकार संस्कृति के श्रेष्ठ प्रदाय को सहेजते हुए अपने पथ पर पथारूढ़ होता है, तो वह दर्शनपरक साहित्य की सीढ़ी पर आगे बढ़ता है।

सारतः निर्मल वर्मा का साहित्य भाव, कर्म और ज्ञान की अर्थवत्ता से युक्त साहित्य है। उनका सृजन मनुष्य के जीये जीवन को हमारी अनुभूत अर्थ संरचनाओं के बिम्ब में प्रस्तुत करता है। यही उन्हें साहित्य के उस निर्मल अध्यात्म की भावभूमि पर प्रतिष्ठ करता है, जिससे युगों-युगों तक उनका लिखा, कहा और सोचा-विचारा हमारी

चेतना के संस्कार की प्रक्रिया में सहभागी होकर नित-नूतन, चिरंजीवी बना रहेगा।

निर्मल वर्मा के रचनाकार का अखंड कालबोध से गहरा जुड़ाव है। वे यूरोप की व्यक्ति केन्द्रित वैचारिकी से जन्मे इतिहास को मनुष्यता के लिए ठीक नहीं मानते। क्योंकि राष्ट्र-राज्य की अपनी धारणा में वे उसे सांस्कृतिक इकाई के रूप में देखते हैं। उनके लिए इतिहास स्मृति या परम्परा का विलोम है। क्योंकि परम्परा का अर्थ है सातत्य, निरन्तरता और अखंड कालबोध। इसी के चलते वे यह कहने से नहीं हिचकिचाते कि यूरोप का सांस्कृतिक खालीपन उनकी आक्रामकता साम्राज्यवादी विचार के मूल में था। भारत के लिए यह समस्या थी ही नहीं। अत: भारत को किसी अन्य के बारे में सोचने-विचारने की आवश्यकता नहीं पड़ी।

साहित्य के अनन्य वैद्य : कृष्ण बलदेव वैद

बड़ी विडम्बना की बात है कि हिन्दी आलोचना अपने सर्वाधिक प्रयोगशील लेखक के लेखन पर उदासीनता के पथ पर है। कृष्ण बलदेव वैद हिन्दी के उन महान रचनाकारों में हैं जिनके प्रयोगधर्मी लेखन ने हिन्दी लेखन को एक नई ऊँचाई दी है। विधाओं की संरचना को उलटा-पुलटा। मनुष्य की आन्तरिक और बाह्य विसंगतियों, यातनाओं, परस्पर सम्बन्धों में उपजी समस्यात्मकता को जितना प्रखर, निष्कम्प निष्ठा के साथ वैद ने अपने कथा साहित्य में उभारा है, वह अपने आप में अप्रतिम है। उनके सृजन भूगोल में घुसते ही समस्त द्वैत-अद्वैत में बदल जाते हैं। उनका बहुरंगी, बहुवर्णी और मर्मस्पर्शी लालित्यता से भरपूर गद्य मन की जटिल संरचना को पाठकों के सामने रखता है। उनके सृजन में आधुनिकता के आवेग में दबी मन:स्थितियाँ अपनी तरह का एक मायालोक या कह लें नितान्त भिन्न किस्म की आंचलिकता रचती है जिसका अस्तित्व स्थानीय भूगोल से अलग है।

रचनाकारों की कई तरह की कोटियाँ बनाई जाती रही हैं। उनमें से एक कोटि यह भी है कि मूल रूप से रचनाकार दो कोटि के हैं। एक वे जो भाषा में लिखने-पढ़ने के लिए जाने जाते हैं। दूसरे, वे जिनके लिखने-पढ़ने, जीने से भाषा जानी जाती है। हिन्दी साहित्य का इतिहास इसका साक्षी है। अगर हम वस्तुनिष्ठ दृष्टि से विचार करें, तो साहित्य के इतिहास में दर्ज रचनाकारों के अवदान को इन दो मुख्य कोटियों के निकष पर कसें, तो तय मानिए कि दूसरी कोटि के रचनाकारों की संख्या बहुत कम होगी जबकि प्रथम कोटि में यह संख्या बहुत बड़ी होकर सामने आएगी।

कृष्ण बलदेव वैद दूसरी कोटि के अग्रगण्य रचनाकार हैं। वे स्वभाव से सन्तुष्ट हिन्दी परम्परा के असन्तुष्ट नायक हैं। असन्तुष्ट इस रूप व अर्थ में कि उनका सारा सृजन, उनकी सारी कला चेतना निरन्तर खुद का सन्धान करती हुई स्वयं को तोड़ती

रहती है। इसलिए विधाओं की संरचना और सरहद को लेकर उनमें एक असन्तुष्टि का प्रबल भाव निरन्तर बना रहा। उनका सृजनात्मक असन्तोष हिन्दी के मौलिक रचनाकारों के लिए एक प्रेरणा बना। वे हिन्दी के उन चुनिन्दा जिम्मेदार नायकों में अग्रणी हैं जो अपनी सृजनात्मक चेतना से फूल की तरह खिलते हुए एक अद्वितीय वटवृक्ष बन गए हैं। जिसकी छाँह में, जिसके कोटर में हिन्दी का गद्य अपनी केंचुली उतारकर नवीन काया धारण करता है। वे विधा के स्वभाव को जानकर तदनुकूल भाषा को नई अर्थवत्ता देने की कामयाब कोशिश करते हैं।

सामान्यत: देखा यह गया है कि रचनाकार का अपनी विधा के सैद्धान्तिक रूप और उसमें हो रहे परिवर्तनों की तरफ अपेक्षाकृत कम ध्यान जाता है। पर वैद का सर्जक तो जागरूक है। उनकी यह सजगता, जागरूकता उन्हें प्रज्ञा की शक्ति का इस्तेमाल करने वाला शानदार लेखक बनाती है। उनका लिखा गद्य प्रज्ञा की शक्ति बनाम ज्ञान के साहित्य में प्रज्ञा की शक्ति का प्रमुख पैरोकार है। वे हिन्दी के सर्वाधिक प्रयोगधर्मी गद्यकार हैं। कुछ आलोचकों ने उनकी आलोचना करते हुए उन्हें परम्परा भंजक के रूप में देखा है। लेकिन गौर से देखेंगे तो पता चलेगा कि उनका लिखा परम्परा मुक्त नहीं परम्परा युक्त है। क्योंकि वे परम्परा के पुरुषार्थ को साधकर प्रयोग का पथ प्रशस्त करते हैं। पंडित विद्यानिवास मिश्र ने उनके व्यक्तित्व का आकलन करते हुए ठीक ही कहा कि तुम्हारे लेखन को मैं एक ऐसे हरे-भरे वृक्ष में देखता हूँ जो बिना किसी खाद के झाड़-झंखाड़ के बीच बढ़ता ही चला जाता है। प्रकृति में, प्राकृतिक रूप में।

वे हमारे चिर-परिचित संसार की नितान्त नई व्याख्या के साथ उसे देखने का एक नवीन दृष्टिबोध भी हमें देते हैं। ऐसा इसलिए सम्भव होता है कि उनके यहाँ यथार्थ और प्रयोग का असन्तुलन नहीं वरन सन्तुलन है। वे यथार्थवादी परम्परा के साथ प्रयोग का बेहद सन्तुलित प्रयोग करने वाले विरल रचनाकार हैं। सामान्यत: होता यह है कि रचनाकार एकांगी या एकरेखीय राह पर चलते हुए फार्म की तलाश करता है, लेकिन वैद का सर्जक अपनी समझ, संयम और विवेक का सांगोपांग इस्तेमाल करते हुए हिन्दी का जातीय फार्म तलाशने की कवायद ही नहीं करता बल्कि हमारी अपनी कथा परम्परा का भरपूर उपयोग करते हुए अपने सृजनात्मक सामर्थ्य का परिचय देता है। वे स्वयं कई बार यह कह चुके थे कि यथार्थवाद की प्रधानता ने या प्रभाव ने हमारे विवेक को दूषित कर दिया है। इसी दूषित विवेक की शुद्धि के लिए वे कल्पना, अनुप्रास, श्लेष और भाषा के मिले-जुले रसायन से

ऐसे लालित्यपूर्ण गद्य की रचना को सम्भव बनाते हैं जो व्यक्ति को अपने आत्म के बेहद करीब लाता है।

जीवन का अस्तित्व के साथ अटूट रिश्ता है। उनके गद्य में अस्तित्व के अनेक नए रूपक, आयाम खुलते हैं। वे मनोलोक के अंचल में अद्वितीय अनुभवों की गहराई में जाकर अस्तित्व के वे रूप और अनुभूतियाँ हमसे साझा करते हैं जो कि अन्यत्र दुर्लभ हैं। इसलिए उनकी उपमाएँ, भाषाई लालित्य चमत्कृत करता है। वे जीवन के नहीं अस्तित्व के चितेरे हैं। बहुरंगी जीवन का कोई ऐसा हिस्सा नहीं जो उनकी नजर से बच सका हो। इन अर्थों में वे अभिव्यक्ति के लीलाधर हैं। उनका आडम्बरहीन लेखन जीवन की लय, साँसों की सरगम का संगीत है। इसलिए उनके कथा साहित्य में अभिव्यक्ति संरचना का सांगीतिक ढाँचा मौजूद है। शास्त्रीय संगीत से उनका गहरा जुड़ाव था। अतः उनका रचनाकार शास्त्रीय संगीत की कथाविहीनता को अपनाकर बिना नैरेटिव के मनुष्य की आत्मा का कोना-कोना झाँक लेता है। प्रायः रचनाकार शैली की शालीनता पर केन्द्रित रहता है, पर उनका रचनाकार शैली की शालीनता के बरअक्स शोखी को अधिक महत्त्व देता है। यह शोखी ही उन्हें हिन्दी गद्य संसार में अपनी तरह का अद्‌भुत नायक बनाती है।

ऊब उनके साहित्य का केन्द्रीय विषय रहा है। अपने एक साक्षात्कार में ऊब के चित्रण पर उठे सवाल के जवाब में वे कहते हैं कि मैं असफलताओं का उस्ताद हूँ। ऊब से जुड़े प्रश्न के प्रत्युत्तर में वे कहते हैं कि ऊब का सम्बन्ध केवल पश्चिम से नहीं है। जीवन के साथ ऊब का रिश्ता शाश्वत है। वे मानते हैं कि उनका ऊब के साथ रिश्ता मनोवैज्ञानिक नहीं आध्यात्मिक है। पाठक/विद्वान अध्येता जरा गौर करेंगे, तो पाएँगे कि ऊब से शुरू होती उनकी यात्रा अपने होने की खोज से आगे बढ़कर आस्था-अनास्था के राजमार्गों से जूझती हुई संशय की तंग गलियों से निकलकर ईश्वर के साथ हमारे होने की अनुभूति का अजस्र स्रोत बन जाती है।

वे केवल अपने नाम से ही वैद नहीं हैं बल्कि उनका काम उन्हें हिन्दी का अनन्य वैद्य (बैद) स्थापित करता है। आयरनी और ह्यूमर के साथ अनेक स्तरों पर जूझते हिन्दी साहित्य में चाहे वह शिल्प हो या कथ्य अथवा भाषा हो या परम्परा सबके साथ प्रयोग की जुगलबन्दी करते हुए उनके भीतर का वैद्य हिन्दी की मौलिक पगडंडी और रचनात्मक स्वास्थ्य की सेहत को परिवर्धित करता है। सचमुच, वे हिन्दी साहित्य, भाषा की कमजोरियों की पहचान तो करते ही हैं साथ ही एक कुशल वैद्य की भाँति उनका परम्परा युक्त निदान अपनी सर्जनात्मक सामर्थ्य और कला

चेतना से हमारे सम्मुख रखते हैं। उनकी यह अनूठी कला चेतना ही उन्हें हिन्दी का अनन्य वैद्य (बैद) बनाती है।

वे हमारे समय के उन मूर्धन्यों में सबसे महत्त्वपूर्ण हैं कि जिनका लिखा न केवल हमारे मन का मैल ही धोता है वरन अपने असंख्य अद्वितीय अनुभव माटी कणों की रगड़ के माध्यम से हमारे अन्तःपुर को चमका भी देता है। इसी चमक से वे गद्य के प्रांगण में भाषा का नृत्य और कौतुक हमारे सम्मुख रचते हैं। विमल की संरचना में क्रियाओं का लोप इसी का प्रमाण है।

यात्रा उनके सृजन का एक महत्त्वपूर्ण बीजाक्षर है। उनकी यात्राएँ जोखिम भरी और रोमांचक हैं। यात्रा उनका मूल स्वभाव है। इसलिए उनकी सभी यात्राएँ सीमित नहीं हैं वरन वे मल, मूत्र व वर्जित प्रदेशों के भूगोल को लाँघकर सौन्दर्य के शिखर तक जाती है। उनका लिखा इसका साक्षी है। वे अलक्षित, अस्पर्शी, अग्राह्य और विद्रूप में भी सौन्दर्य की तलाश कर लेते हैं। ऐसा वह इसलिए कर पाते हैं कि क्योंकि वे जीवन को अखंड दृष्टि से देखते हैं, खंड दृष्टि से नहीं। जीवन में उचित गरिमा से हीन वंचित वस्तुओं, भावों के चित्रण में वे सकुचाते नहीं वरन उनका रचनाकार उदात्त बोध, भाव का परिचय देकर अपनी लोकतांत्रिकता को पाठक के सामने कलेजे की तरह रख देता है। यह उनके ही रचनाकार की खूबी है कि वह अचेतन की अतल अँधेरी गहराइयों को अपने पाठक के सम्मुख अपने कलात्मक भाषाई व्यवहार के बल पर दिन के उजाले की तरफ आलोकित कर दिखलाता है। इसलिए उनके रचे पात्रों में बाहर की चकाचौंध कम और भीतर की हलचलें ज्यादा हैं। उनके सर्जक का अनुभव और निरीक्षण अपनी तरह की विरलता से युक्त है। अपनी इसी कलात्मक, अन्वेषी चेतना के कारण वे सृजन के बीहड़ को पाठक की यात्रा के लिए सुरम्य उद्यान में बदल देते हैं।

हिन्दी गद्यकारों के इतिहास में वे अकेले ऐसे शिल्पी हैं जो इस काम को बखूबी न केवल अंजाम ही देते हैं बल्कि नए आयाम भी रचते चलते हैं। उनकी यह अनूठी दृष्टि, चेतना की उन्हें हिन्दी का अप्रतिम गद्य नायक बनाती है। वे हिन्दी में अनुपन्यास रचनेवाले रचनाकार हैं। अपने उपन्यास काला कोलाज को वे अनुपन्यास ही मानते हैं। उनकी एक खूबी यह भी है कि वे प्रचलित पारिभाषिक अर्थों, विधा एवं ढाँचे की उपस्थिति को अनुपस्थित करते हुए मौलिक मार्ग का सन्धान करते चलते हैं। इस यात्रा को उनकी हर कृति में आसानी से दृष्टिगत किया जा सकता है।

अशोक वाजपेयी : काँपती रोशनी में खिलता मैत्री संसार

जीवन एक कला है और कला ही जीवन है पर दृष्टि दोष के चलते हम प्राय: कला और जीवन को अलग-अलग मानते-जानते और देखते हैं। सुख्यात चिन्तक आनन्द कुमारस्वामी कहा करते थे कि कलाएँ और जीवन दो नहीं हैं; इसलिए जीवन और कलाओं को अलग-अलग देखा जाना न्यायसंगत नहीं है। क्योंकि सभी जीवनोपयोगी चीजों में कला विद्यमान रहती है। हम यह भी जानते हैं कि समस्त कलाएँ स्पेस को भरने की रचनात्मक प्रक्रियाएँ हैं। पत्र लेखन कला भी इसी भाव का एक सुन्दर उदाहरण है। मनुष्य की समूची जीवन यात्रा एकत्व और सहवर्तित्व का सुफल है। पत्र लेखन इसी सुफल की प्राप्ति और अपने आत्म से अन्य तक यात्रा को मैत्री भाव से पूरा करने की पवित्र विधि है। पत्र में रचनाकारों का मैत्री भाव उन अद्वितीय क्षणों, सामान्य बातों और औपचारिक अवसरों को अनौपचारिक ढंग से सहज ही हमारे सामने रखता है, जिन्हें बहुत बार चाहकर भी वह अपनी श्रेष्ठतम रचनाओं में नहीं ला पाता।

पत्र साहित्य हिन्दी गद्य की सबसे नवीनतम और कम समृद्ध विधा है। बावजूद इसके पत्र लिखने की कला तो लेखन के साथ ही समाज में आ गई होगी। साहित्य की मुख्यधारा में अभी एक महत्त्वपूर्ण विधा के रूप में इसका अभिषेक होना शेष है। किसी भी विधा को जब तक अपने समय के श्रेष्ठ और समर्थ रचनाकार का सहकार और स्पर्श नहीं मिलता, तब तक प्राय: हम सभी का ध्यान उस विधा और विधा में काम कर रहे लोगों के प्रति नहीं जाता।

अशोक वाजपेयी हिन्दी परिदृश्य के उन समर्थ रचनाकारों में हैं जिन्होंने अनेक विधाओं को अपने लेखन का स्पर्श ही नहीं दिया वरन उन्हें समृद्ध करने की गम्भीर कोशिश भी की है। प्राय: देखा यह गया कि हम रचनाकार को उसकी रचनाओं के

माध्यम से समझने की कोशिश करते हैं। वह भी एक तरीका है। इसका प्रचलन भी अधिक है। लेकिन अगर उस रचनाकार के साहित्येतर जीवन के विविध रूप, छवियों और भूमिकाओं से गुजरते हुए उसके द्वारा स्थापित सैद्धान्तिक मान्यताओं के आलोक में हम अगर उसके रचनात्मक संसार में प्रविष्ट होंगे, तो जो पर्यवेक्षण और अनुभव हमारे सामने आएगा, वह नितान्त भिन्न और अधिक परिपक्व होगा।

मेरा मानना है कि अगर किसी सहृदय को रचनाकार अशोक वाजपेयी के विविधवर्णी रचना संसार की यात्रा करनी है, तो उसके लिए प्रवेश द्वार के रूप में 'अपने-दूसरे' से गुजरना अधिक समीचीन रहेगा। यह मैं इसलिए कह रहा हूँ कि जो पड़ोस, प्रेम, मृत्यु, सहकार, असहमति, संवाद आदि कवि अशोक वाजपेयी के सृजन विश्व में जगह-जगह विचरते, खिलते और अपनी खुशबू के साथ आभा बिखेरते मिलते हैं उनकी मूल चमक, तेज और सत्त्व की पृष्ठभूमि की पहचान उस सहृदय को इसी कृति में आसानी से दृष्टिगत हो सकेगी। इसलिए 'अपने-दूसरे' अशोक वाजपेयी के रचना संसार का प्रवेश द्वार है। जिसमें प्रविष्ट होते ही उनके कर्तृत्व के विविध आयाम सहज ही उद्‌भासित हो उठते हैं। यहाँ कोई यह प्रश्न भी उठा सकता है कि आज के इस तकनीकी युग में पत्र लेखन जैसी विधा या पुस्तक की उपयोगिता क्या है? अंग्रेजी में एक कहावत है—

As key do open chests
So letter open breasts

यानी जैसे चाबियाँ बन्द बक्शों को खोलती हैं, ठीक उसी तरह पत्र भी मनुष्य के अन्तरतम के अवरुद्ध अभिव्यक्ति द्वारों को खोलकर हमें हमारे जाने-पहचाने संसार से इस तरह रूबरू करवाते हैं कि मानो वह संसार एक अद्वितीय संसार है। इस अद्वितीय संसार के प्रवेश द्वार से गुजरकर हम संवेदना के उस अनन्त सागर में सन्तरण करते-करते हम उस रचनाकार के कई पात्रों, उसकी रचनाओं में आए वृत्तान्तों, घटनाओं और उनसे उपजे उसके चिन्तन को आत्मसात् करते हैं।

पत्र लेखन दो व्यक्तियों का परस्पर वार्तालाप भर नहीं है वरन उसमें उनके मन, बुद्धि और आत्म के साझा व्यापार भी हैं, उसमें संस्कृति की अन्त:सलिला भी है। इस अर्थ में पत्र लेखन मानवीय जीवन में पारस्परिकता, सहकार और एकत्व की हमारी मूल्य भावना को संस्कारित करने की प्रक्रिया भी है। अपने-दूसरे से गुजरते हुए यह भी हासिल होता है कि जिन लेखकों का पत्राचार जितना स्वाभाविक और हृदयस्पर्शी होता है, वह उतना ही उत्कृष्ट कोटि का भी होता है।

29 लेखकों और 200 पत्रों के 548 पृष्ठों में फैला यह सृजन विश्व सतही तौर पर तो कवियों, लेखकों के व्यक्तिगत सुख, दुख, आस्थाओं, मान्यताओं, सहयोग, ईर्ष्या, असहमति और सहकार की एक बानगी है, साथ ही एक श्रेष्ठ रचनाकार की उस रचनात्मकता विशिष्टता का द्योतक भी है कि वह जिस विधा या कहें माध्यम से अपने अनुभव को अभिव्यक्ति में व्यक्त करता है, उसे नए आयाम और प्रतिमान भी देता है।

सबसे पहले आप देखेंगे कि इस पुस्तक का अनुक्रम विशेष विन्यास में विन्यस्त है। उसे पत्र संख्या, रचना वर्ष और पृष्ठ संख्या की संरचना में विन्यस्त किया गया है। यह सोच-समझकर किया गया विन्यास अत्यन्त सुचिन्तित, तार्किक और व्यवस्थित है। सामान्य पुस्तक में पृष्ठ संख्या केवल नीचे या ऊपर देखी-पढ़ी जाती है लेकिन इस पुस्तक में आपको दो पृष्ठ संख्याएँ देखने को मिलेगी। एक ऊपर एक नीचे। दोनों अलग-अलग भी। इसके पीछे सोच यह है कि पाठक को अपने वांछित लेखक के पत्र तक पहुँचने में किंचित भी परेशानी या भ्रम ना हो।

शमशेर बहादुर सिंह से लेकर प्रभात त्रिपाठी तक के पत्रों में फैला यह क्रम आयु के आधार पर बनाया गया है यानी जो आयु में सबसे बड़े रचनाकार हैं वह सबसे पहले और जो छोटे हैं वे आखिर में। यह पुस्तक पत्र साहित्य के शोधार्थियों एवं साहित्यकारों पर कार्य करने वाले अनुसन्धित्सुओं के लिए समान उपयोगी है क्योंकि इसमें उन्हें एक साथ अपने समय के नामचीन लेखकों की लिपि, भाषा परस्पर सम्बोधन आदि के साथ उनके सम्बन्धों का सजीव रूपांकन भी देखने-पढ़ने को मिलता है। यह संकलन इस अर्थ में भी विशिष्ट बन पड़ा है क्योंकि इसमें विचारों की स्पष्टता, व्यक्तित्व की सजगता, सहजता, संवेदनशीलता, स्वाभाविकता और रचनाकार के भाषिक प्रयोग, विभिन्न शब्दों के साथ विरामचिह्नों और भाषाई एकरूपता आदि जैसी विरल सामग्री को एक साथ यहाँ देखा, पाया और जाना जा सकता है। नए लेखकों के लिए तो यह संकलन रचनात्मक लेखन की एक महत्त्वपूर्ण गाइड की तरह है जो उनकी सृजन यात्रा की राहों को आसान बनाती है।

ऊपर हमने कहा कि हर श्रेष्ठ रचनाकार अपने माध्यम को भी श्रेष्ठ बना देता है। मेरी अल्प जानकारी में हिन्दी के अब तक के प्रकाशित पत्र साहित्य में एक साथ इतने समकालीन लेखकों के पत्र, भाषा, भाषा व्यवहार और उनके आत्मीय स्मरण, परस्पर द्वेष, टकराहट और जुड़ाव को इतने गम्भीर ढंग से संयोजित,

सुरक्षित और प्रकाशित नहीं किया गया है। इस अर्थ में इसके विविध आयामों का अध्ययन शोध का विषय है।

वासुदेवशरण अग्रवाल ने ठीक ही लिखा है कि मेरी समझ में किसी व्यक्ति की भारी-भरकम साहित्यिक कृति आँधी के समान है, उसके साहित्यिक पत्र उन झोंकों के समान हैं जो धीरे से आते-जाते रहते हैं और वायु की थोड़ी मात्रा के साथ लाने पर भी साँस बनकर जीवन देते हैं। कवि अशोक वाजपेयी का यह संकलन वायु के उन थोड़े से झोंकों के समान है जो हमारे समय के अवरुद्ध मार्ग को अपने अस्तित्व से गति देते हैं। उसमें प्राण भर देते हैं।

इस पुस्तक में पत्र साहित्य के दोनों विधा रूप आसानी से उपलब्ध हैं। एक तो निजी भाव प्रकाशन की दृष्टि से लिखे जाने वाले पत्र, दूसरे वे जिनमें अशोक वाजपेयी का अपने समय के समर्थ रचनाकारों से जो रचनात्मक संवाद हुआ वे पत्र। दोनों दृष्टियों से सँजोए पत्रों का यह संसार आनेवाले समय में लिखे जाने वाले साहित्य इतिहास को भी नई रोशनी देने में सक्षम है। संकलन में शामिल साहित्यकारों के ये सभी पत्र केवल रचनाकारों के ही नहीं, मनुष्य मात्र के अन्तर्जगत और बाह्यजगत का लेखा-जोखा भी है।

इस संकलन से गुजरना एक अखंड प्रवाह से गुजरते हुए स्वयं से स्वयं के संवाद को देखना भी है। यह केवल व्यक्ति, रचनाकार अशोक वाजपेयी के परस्पर सम्बन्धों का लेखा-जोखा नहीं वरन लम्बे कालखंड की रचनात्मक यात्रा का भी प्रामाणिक आख्यान है। यह एक लेखक के आत्मविकास, आत्मअन्वेषण दोनों को ही हमारे सामने रखने वाली कृति है। यहाँ साहित्य राजनीति के वे दृश्य भी हैं जिनमें कृपाकांक्षा, आलोचना, माँग, मनुहार, मार्गदर्शन, रचते रहने की आकुलता, सहकार की व्याकुलता और सृजन के सामर्थ्य का भरा-पूरा संसार है। इन पत्रों की भाषा में गद्य के विविध रूप और शैलियों का होना भी इसकी एक उपलब्धि है। इस संकलन में शामिल पत्रों की विविध भंगिमाओं यथा—विवेचनात्मक, वर्णनात्मक, काव्यात्मक, व्यंग्यात्मक, विचारात्मक और वक्तृता—से भरी शैली पाठक को रससिक्त करती है। पत्रों की भाषा का विषयानुकूल स्वरूप परिवर्तन भी हमें विस्मित करता है।

वैसे पत्र लिखना अशोक वाजपेयी का नैसर्गिक गुण है। क्योंकि वे नौ वर्ष की आयु से ही इस विधा के साथ जुड़े हैं। इस अर्थ में अशोक जी का पाठक यह अनुमान आसानी से लगा सकता है कि हिन्दी में समय से बाहर जैसी पुस्तक का

रचयिता इतना सहृदय और संस्कारित कैसे हुआ। कैसे 'पावभर जीरे में ब्रह्मभोज' सम्भव है। यह संकलन रचनाकार के मूल स्वभाव, अन्तर्विरोधों और साहित्य के साथ उसके आत्मीय जुड़ाव का एक ऐतिहासिक दस्तावेज है। जिसमें स्वयं उस रचनाकार की रचना-प्रक्रिया से जुड़ी बहसें, मुद्दे, चर्चाएँ और प्रतिक्रियाएँ शामिल हैं। इस तरह की पुस्तक के पढ़ने से पाठक का मन एकान्त के उन क्षणों से मुक्त होता है जिनमें वह अपनी रचनाशीलता की प्रक्रिया की जटिलता एवं संश्लिष्टता से ठहरा-ठिठका होता है। यह पुस्तक नवीन रचनाकारों को सृजन विश्व के विविध आयामों से साक्षात्कार करवाती हुई उन्हें मुक्त आकाश में अपने परवाजों की ताकत को तौलने की राह भी दिखाती है। यह अपने समय के अनौपचारिक इतिहास की एक श्रेष्ठ बानगी है।

यह पुस्तक इस अर्थ में भी विलक्षण है कि इसमें हमारे समय के महत्त्वपूर्ण कवियों, कलाकारों के अनुभव का अद्‌भुत आलोक हमारे मन के निविड़ अन्धकार को अपने उजले आलोक से भर देता है। इस पुस्तक में उन कलाकारों और कवियों की उस्तादाना सलाहें और सुझाव भी हैं तो समवयस्की मित्रों का मार्गदर्शन भी। अतः यह पुस्तक अपने ज्ञान आलोक से हमारे जीवन की नई इबारतें तो रचती ही हैं साथ ही हमें बदलते जीवन के नए व्याकरण का पाठ भी पढ़ाती हैं।

इसका शीर्षक 'अपने-दूसरे' भी हमें रचना एवं रचनाकार के बारे में बहुत ही गूढ़ संकेत देता है। अपने-दूसरे शीर्षक में आए शब्द अपने और दूसरे परस्पर विरोधी पद हैं। रचनाकार असहमति और विरोध के साथ निरन्तर संवादरत रहना चाहता है क्योंकि वह मूलतः उन्हें दूसरा मानता ही नहीं है। यानी दूसरे के प्रति सहभाव का उदय और असहमति के साथ संवाद भारतीय चिन्तन परम्परा में उल्लेखित एकत्व और सहवर्तित्व की यात्रा के प्रस्थान बिन्दु हैं। इस अर्थ में यह स्वयं का स्वयं से ही संवाद है, एकालाप है जो अपनत्व के राग से विभूषित है। यह अपनापा हमारे समय के क्षरण होते जा रहे मानवीय मूल्यों में अग्रगण्य है। जिस रचनाकार का जीवन अपनत्व और स्वयं के साथ संवाद के लिए समर्पित हो, वह निरन्तर अपने सृजन पथ पर चलते हुए अपने अधूरेपन को पूरा करने की कोशिश करता रहता है।

अस्तु, निजता का विसर्जन स्व का ही विसर्जन है। भारतीय कला परम्परा में इसे ही श्रेष्ठ कला कहा गया है। हमारे यहाँ तो कहा भी गया है कि कला एक अधूरा पिंड है, पर उसकी महत्ता और सुन्दरता इसमें है कि वह हमें पूरेपन के पथ पर ही

नहीं ले जाती वरन उसकी पहचान भी करवाती है। यह पुस्तक इस दिशा में किया गया एक सराहनीय प्रयास है। अपनत्व के साथ निरन्तरता, उर्वरता वे पदचिह्न हैं जिस पर कवि चला है और इसलिए समय के मार्ग पर उसके ये पदचिह्न सदैव ही अंकित रहेंगे और आने वाली पीढ़ियों को राह भी दिखाएँगे।